Stephan Sigg

Schuld & Versöhnung

Zentrale Lebensthemen im Religionsunterricht *mal anders!*

Auer Verlag

Quellenverzeichnis

Bildquellen:

S. 21 Filmplakat „Schuld sind immer die anderen" © FFL Film- und Fernseh-Labor Ludwigsburg GmbH & Co. KG, www.ffl.de

S. 23 Müll im Wasser © Initiative Echte Soziale Marktwirtschaft (IESM) / PIXELIO;
Wasserzähler © knipseline / PIXELIO;
Außenspiegel © Guenter Hamich / PIXELIO

S. 24 Hochmut © gromovataya – Fotolia;
Geiz © Gewoldi – Fotolia;
Wolllust © closeupimages – Fotolia;
Zorn © sokaeiko / PIXELIO;
Völlerei © vgstudio – Fotolia;
Neid © Dan Race – Fotolia;
Faulheit © juniart – Fotolia

S. 34 Hände waschen © Uta Herbert / PIXELIO

S. 37 Pranger © nomo/Michael Höfner – Wikipedia

S. 43 Jesus am Kreuz © Dieter Schütz / PIXELIO

S. 58 Mensch © tearoad – Fotolia

Gedruckt auf umweltbewusst gefertigtem, chlorfrei gebleichtem
und alterungsbeständigem Papier.

1. Auflage 2014
Nach den seit 2006 amtlich gültigen Regelungen der Rechtschreibung

Illustrationen: Hendrik Kranenberg, Stefanie Aufmuth, Julia Flasche, Stefan Lohr
Umschlagfoto: © Galyna Andrushko
Satz: krauß-verlagsservice, Augsburg
Druck und Bindung: Stückle Druck und Verlag, Ettenheim
ISBN 978-3-403-**07423**-6

www.auer-verlag.de

In der Schule, beim Sport, zu Hause, im Freundeskreis, im Internet ... überall werden Jugendliche mit Konflikten konfrontiert. Oft liegt es nur an einem Missverständnis oder an einem falschen Wort, dass die Situation zwischen zwei Personen eskaliert. Hinterher tut es einem dann leid und man würde gerne alles rückgängig machen.

Der Religionsunterricht kann Jugendlichen Unterstützung bieten, Erfahrungen von Schuld zu bewältigen, und ihnen Wege und Formen zur Versöhnung aufzeigen.
Die Themen „Schuld und Versöhnung“ lassen sich auf vielfältige Weise im Unterricht aufgreifen. Die Materialien sollen Jugendlichen aber auch zeigen, welche positiven Konsequenzen mutiges Engagement für Versöhnung und Frieden für sie selber, für ihre Freunde, aber auch für die ganze Gesellschaft haben kann. Deshalb sind hier auch ein paar konkrete Ideen für Projekte und deren Umsetzung im Alltag enthalten.
Das Thema ist das ganze Jahr aktuell, aber natürlich bietet auch das Kirchenjahr viele Anknüpfungspunkte. So eignen sich die Arbeitsblätter auch für den Einsatz während der Advents- und Fastenzeit, die nach christlichem Verständnis „Bußzeiten“ sind und zu Umkehr und Vorbereitung auf die Feste Weihnachten bzw. Ostern aufrufen.

Diese Arbeitsblätter sollen Ihnen eine Hilfe sein, sich mit Ihren Schülern[1] mit der Bewältigung von Schuld und der Versöhnung auseinanderzusetzen. „Schuld & Versöhnung“ bildet nach „Angst & Hoffnung“ und „Hass & Liebe“ den dritten Teil zu einer Reihe von Arbeitshilfen, die anhand von emotionalen Alltagserfahrungen Zugänge zu zentralen Themen im Religionsunterricht eröffnen wollen. Bei den Themen „Schuld und Versöhnung“ lassen sich zahlreiche Bezüge zu den Themenkreisen „Angst und Hoffnung“ sowie „Hass und Liebe“ herstellen. Die verschiedenen Bände sind deshalb so konzipiert, dass sie miteinander kombiniert werden können.

Ihr Stephan Sigg

[1] Aufgrund der besseren Lesbarkeit ist in diesem Buch mit Schüler auch immer Schülerin gemeint, ebenso verhält es sich mit Lehrer und Lehrerin etc.

Wer mit Jugendlichen die Themen „Schuld und Versöhnung“ erarbeitet, erfüllt mehrere Ziele. Zu diesen gehören u. a.:

- die Schüler werden ganz konkret und lebensnah an **zentrale Inhalte der christlichen Botschaft** erinnert.
- die Schüler tanken Mut für die **Bewältigung und Gestaltung ihres Alltags und ihrer Zukunft**.
- die Schüler lernen, ihre **Gefühle** (in diesem Fall: Schuld und Versöhnung) auszudrücken und zu **kommunizieren**.
- die Schüler üben eine **kritische Auseinandersetzung mit der Wirklichkeit**, die uns Fernsehen, Presse und Internet präsentieren (z. B. Schuldverdrängung oder öffentliches Anprangern von Schuld usw.).
- die Schüler werden dafür sensibilisiert, zu erkennen, wann jemand in ihrem Umfeld **Unterstützung** braucht und wie sie diese Unterstützung konkret leisten können.

Die Arbeitsblätter können Sie auf verschiedene Arten einsetzen:

✔ Unterricht

Widmen Sie den Themen eine oder mehrere Unterrichtsstunden. Sie erarbeiten gemeinsam mit den Schülern die einzelnen Aspekte im Klassenverband. Das Thema kann aber auch im Laufe eines Schuljahres immer wieder zwischendurch aufgegriffen werden. So werden die Jugendlichen stetig dafür sensibilisiert, sich mit ihren Emotionen auseinanderzusetzen, anstatt sie zu verdrängen.

✔ Stationen

Die Arbeitsblätter können auch als „Stationen-Projekt“ behandelt werden: In Kleingruppen wandern die Schüler von Station zu Station (je nach Zeit: ca. 4 – 8 Stationen) und erarbeiten selbstständig die Arbeitsblätter. An jeder Station wird ein anderer Aspekt aufgegriffen. Das Projekt kann spirituell umrahmt (siehe „Spiritueller Rahmen“) werden.

✔ Verknüpfung Schule – Alltag

Gerade beim Thema „Schuld und Versöhnung“ lohnt es sich, Brücken zum Alltag der Schüler zu bauen und z. B. den christlichen Auftrag zur Versöhnung konkret werden zu lassen: Initiieren Sie Versöhnungsaktionen (Schüler tun etwas, um Geld für einen karitativen Zweck zu sammeln – „konkrete Nächstenliebe“) oder lancieren Sie eine „Woche für die Versöhnung“.

✔ Nach Aktualität

Die Arbeitsblätter können aber auch bei aktuellen Ereignissen im Alltag der Schüler, der Schule, des Wohnorts, des Landes oder weltweit (feindliche Auseinandersetzungen, Erfolgsmeldungen, Negativschlagzeilen, Glücks- und Unglücksfälle, ...) zum Einsatz kommen. Sie helfen damit, die Sorgen und Nöte der Schüler aufzugreifen und ihnen Wege aufzuzeigen, wie sie damit umgehen können.

✔ Projekttage / -nächte / -wochen

Die Themen „Schuld und Versöhnung“ lassen sich auch im Rahmen eines Projekttages, einer Projektnacht oder -woche behandeln. Die Schüler erhalten dazu ein leeres Projektheft, in das sie die Arbeitsblätter einkleben und eigene Gedanken, Texte usw. notieren können.

✔ **Fächerübergreifend**

Die Themen „Schuld und Versöhnung" bieten viele Anknüpfungspunkte und Vertiefungsmöglichkeiten in anderen Fächern (Kunst, Deutsch, Psychologie, ...) und lassen sich deshalb auch fächerübergreifend behandeln oder weiterführen. Genauso ist eine interreligiöse Auseinandersetzung damit möglich (z. B. Zusammenarbeit mit Vertretern von anderen Religionen).

✔ **Spiritueller Rahmen**

Bei den Themen „Schuld und Versöhnung" geht es nicht nur um eine kognitive Auseinandersetzung. Die Jugendlichen sollen vielmehr auch dafür sensibilisiert werden, dass Gott ihnen bei der Bewältigung von Schuld und bei der Versöhnung hilft. Unsere christliche Religion bietet hierbei sowohl spirituell tiefgründige als auch lebenspraktische Unterstützung. Auch in Ihrem Unterricht können Sie diese Themen erfahrbar machen, wenn Sie beispielsweise intensiv themenbezogen mit Jugendlichen beten oder einen Gottesdienst feiern. Dies kann zu Beginn oder als Abschluss der Unterrichtseinheit geschehen. Als Einstieg oder Abschluss einer Religionsstunde kann ein Gebet gesprochen oder ein Lied gesungen werden, das sich mit der Thematik beschäftigt.

Zur Arbeit mit den Arbeitsblättern

Sie können die Arbeitsblätter kopieren und verteilen. Die Vorlagen lassen sich aber auch auf OHP-Folien übertragen und einsetzen.

Aktuelle Songs, Songtexte, Bilder, (Musik-)Videos und Zeitungsschlagzeilen zum Themenkreis „Schuld und Versöhnung" lassen sich relativ leicht im Internet via www.google.de oder unter www.youtube.com finden.

Ich bin fehlerlos!

Heute fällt es vielen Menschen schwer, Fehler oder eine Schuld zuzugeben. Warum?

1. Wie oft bist du in den vergangenen 7 Tagen „Schuldeingeständnissen“ begegnet?

Ich selbst	**Medien**
Freunde / Familie	**Unbekannte Menschen (im Lift, auf der Straße, …)**

„etwas unter den Teppich kehren“ *„vertuschen“* *„den wahren Sachverhalt verschleiern“*

2. Warum fällt es vielen Menschen schwer, offen und ehrlich zu ihrer Schuld zu stehen?

3. Warum spricht es für jemanden, wenn er offen und ehrlich seine Schuld bekennt? Was sagt dies über den Menschen aus? Schreibt um die Figur herum.

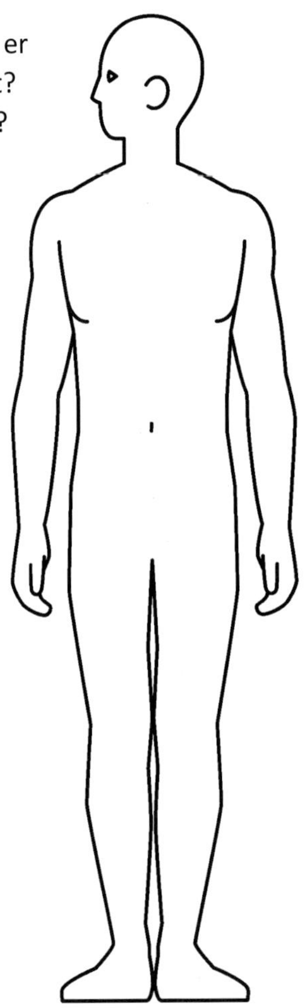

4. Macht ein Werbeplakat für einen offeneren Umgang mit Schuld. Stellt euch eure Plakate anschließend vor.

1. Wie lässt sich Schuld am besten beschreiben? Wählt fünf Adjektive aus, die am besten zutreffen. Begründet eure Auswahl.

☐ bedrückend	☐ brennend	☐ bitter
☐ beklemmend	☐ dröhnend	☐ ansteckend
☐ lähmend	☐ einsam	☐ aufreibend
☐ schwarz	☐ kalt	☐ schal
☐ weiß	☐ beziehungslos	☐ zerstörerisch
☐ giftig	☐ vereinnahmend	☐ dornig
☐ traurig	☐ heiß	☐ flau
☐ verletzend	☐ isolierend	☐ lustlos

2. Was ist Schuld? Überlegt euch zu zweit eine Definition:

Definition:

Schuld =

3. Deutet das Zitat. Was will Dostojewski sagen?

„Jeder ist an allem Schuld. Wenn jeder das wüsste, hätten wir das Paradies auf Erden."

Fjodor Michailowitsch Dostojewski (1821–1881), russischer Schriftsteller

Das schlechte Gewissen

Was ist eigentlich das schlechte Gewissen?

1. Macht eine Umfrage (in eurer Klasse, im Schulhaus, auf der Straße, ...) und sammelt Statements. Wenn eine Aussage mehrmals genannt wird, könnt ihr Striche hinzufügen.

2. Stellt euch vor, ihr würdet euch mit John Henry Newman über das Gewissen unterhalten. Welches Gespräch würde sich aus dem Zitat (siehe Kasten) entwickeln? Inszeniert zu zweit ein Gespräch.

> *„Das Gewissen ist die Stimme Gottes!"*
>
> John Henry Newman, englischer Kardinal

3. Schreibt eine E-Mail an euer Gewissen: Wofür wollt ihr ihm danken? Wofür wollt ihr es kritisieren? Warum ist es gut, ein Gewissen zu haben? Oder wäre es besser ohne?

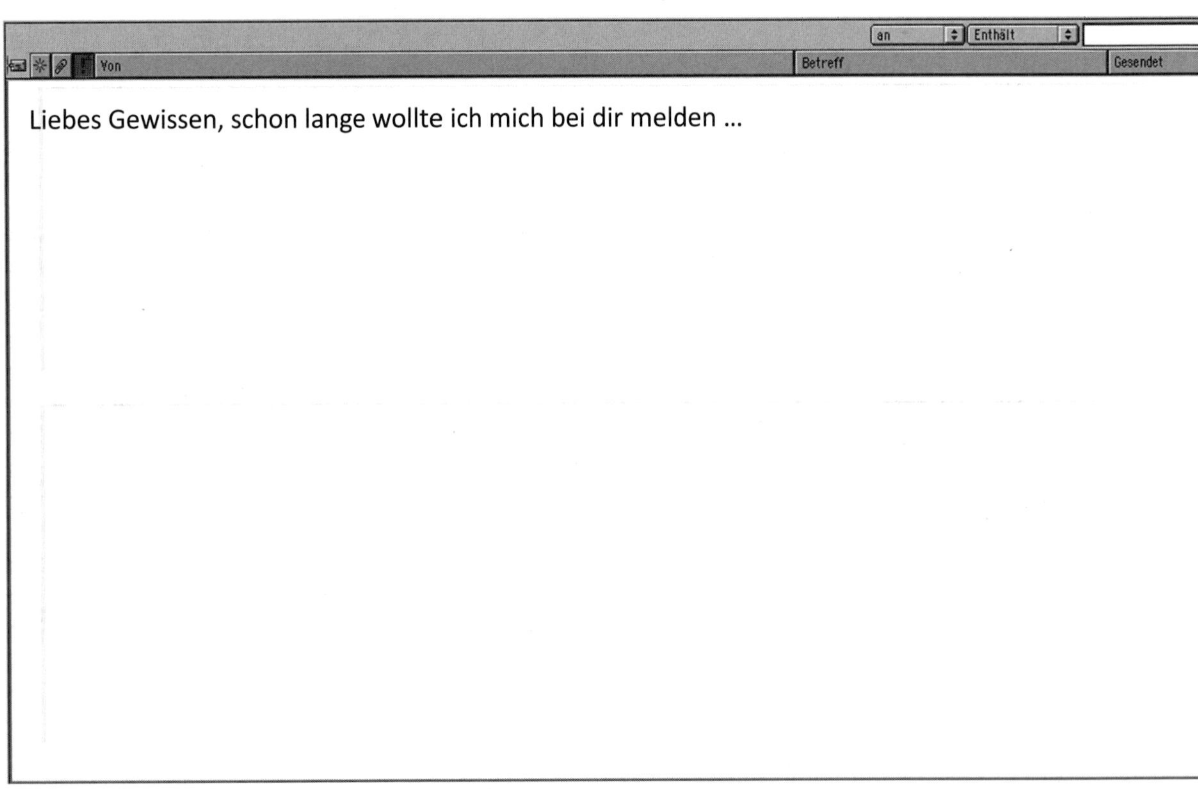

Liebes Gewissen, schon lange wollte ich mich bei dir melden ...

Die Katholische Kirche kennt den „Beichtspiegel". Das ist ein Fragenkatalog, mit dem sich die Menschen bewusst machen, was sie in ihrem Leben nicht gut gemacht haben.

1. Überlegt euch, welche Fehler ihr begangen habt bzw. welche Dinge euch leid tun.

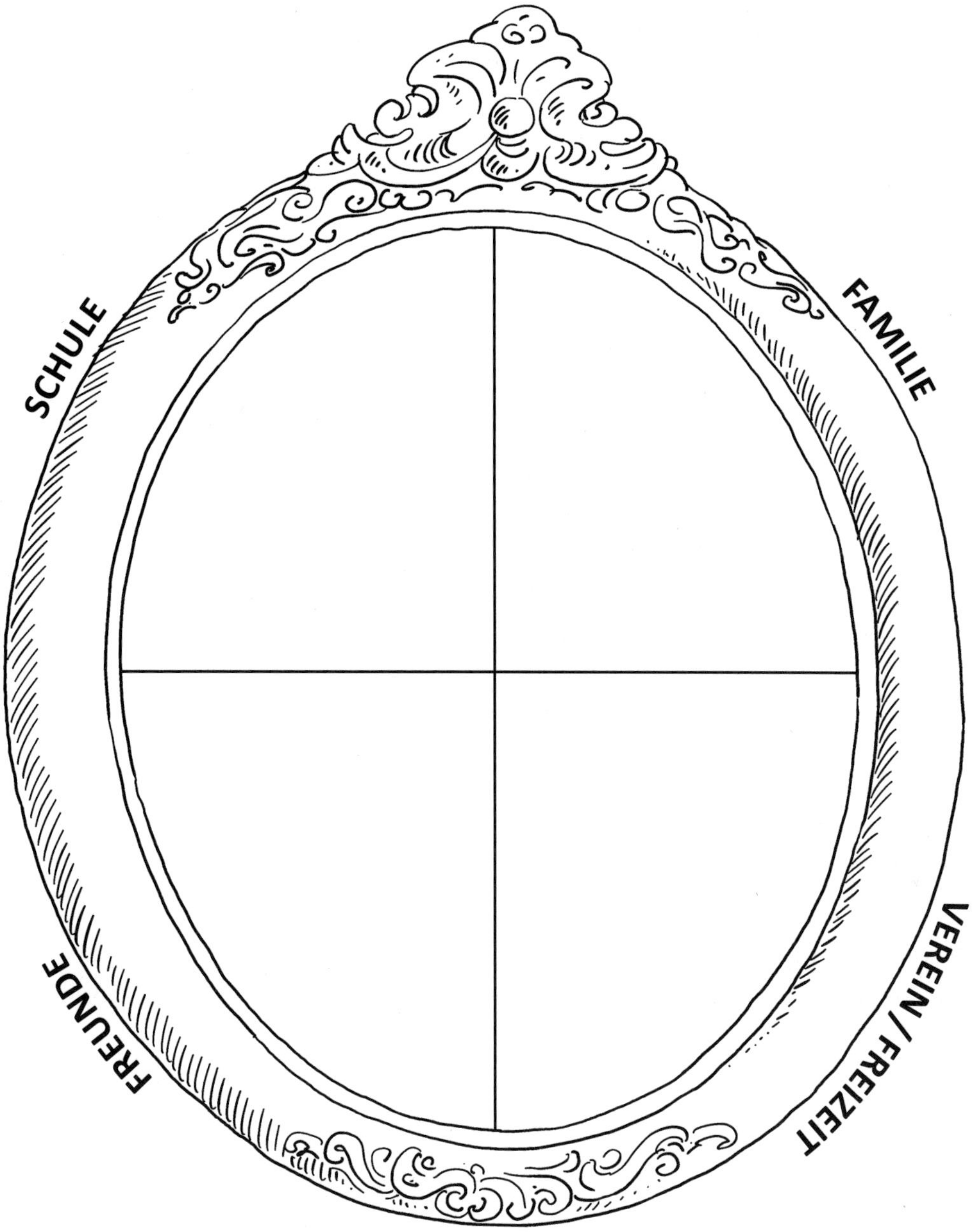

2. Warum ist es sinnvoll, sich regelmäßig den „Spiegel" vorzuhalten und Gewissensforschung zu betreiben?

____

____

____

3. Bastelt einen Würfel für die Auseinandersetzung mit dem Gewissen (siehe Bastelvorlage). Schreibt auf jede Würfelseite eine Frage, die zum Nachdenken anregt (z. B. Wie viele Menschen hast du heute glücklich gemacht?). Anschließend könnt ihr den Würfel ausschneiden, zusammenkleben und zu zweit ausprobieren.

Meine Schuld: Was habe ich getan? – Würfel-Bastelvorlage

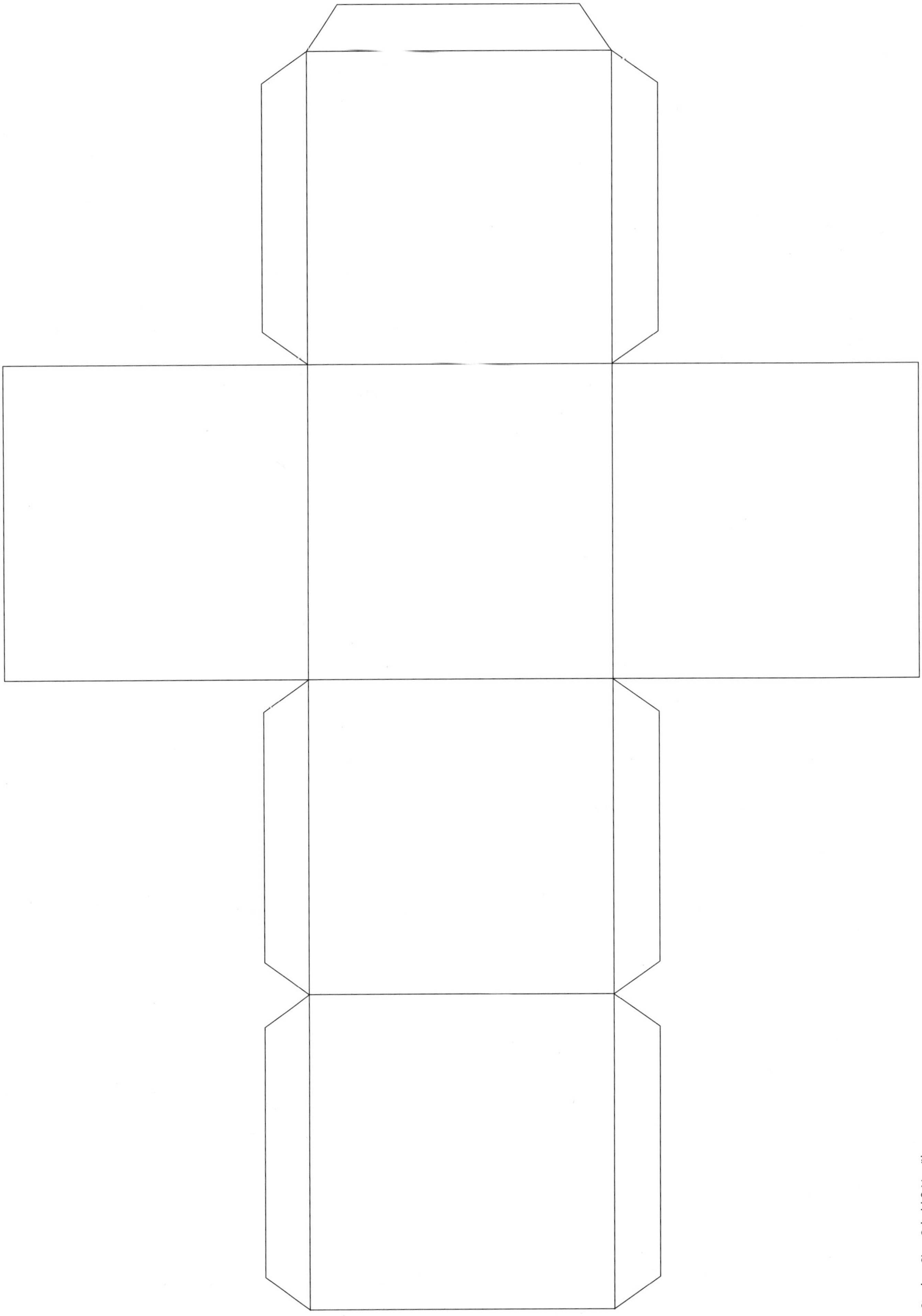

Berichte im Fernsehen, in den Zeitungen und in anderen Medien über Verbrechen sorgen immer für Aufmerksamkeit. Doch über die „größten Verbrechen" spricht niemand.

1. Schaut euch die folgenden Beispiele an: Ergänzt die Liste um weitere „Verbrechen" aus unserem Alltag. Warum kommen diese in den Medien selten vor? Diskutiert.

- Jeden Tag verhungern 100 000 Kinder.
- Immer wieder werden Menschen in Wohnungen entdeckt, die schon vor einigen Monaten gestorben sind.
- Die Umweltbelastung nimmt immer mehr zu ...
- Noch nie wurde so viel über andere getratscht und gelästert wie heute ...
- ______________________________
- ______________________________
- ______________________________
- ______________________________

2. Bildet Gruppen und entscheidet euch für ein Beispiel. Überlegt euch eine Aktion (Plakate, Give-Aways, Songs usw.), wie man auf dieses Verbrechen aufmerksam machen und der Gesellschaft bewusst machen könnte, dass auch sie dafür mitverantwortlich ist.

Wer ohne Schuld ist

Vielen Menschen fällt es nicht schwer, mit dem Finger auf andere zu zeigen und über deren Fehler zu lästern.

„Sie war total alkoholisiert. Einen so peinlichen Fernsehauftritt habe ich noch nie gesehen."

„Sie ist in Mathe so eine Niete: Die kapiert nicht einmal die einfachste Rechnung. Schon bevor sie eine Antwort gibt, wird sie total rot und stottert herum …"

„Er hat seine Frau betrogen! Das ist doch das allerletzte. Er ist als Politiker nicht mehr glaubwürdig!"

1. Wenn Prominenten etwas Peinliches passiert oder sie ein Verbrechen begehen, ist die Empörung meistens besonders groß. Woran könnte das liegen? Diskutiert.

„Wer ohne Schuld ist, der werfe den ersten Stein!"

2. Dieses Zitat stammt aus der Bibel (Evangelium des Johannes, 8,1–11). Lest die Geschichte und analysiert sie.

Zusammenfassung	
Warum provoziert Jesus?	
Was können wir für unseren Alltag lernen?	
Wie sollten wir uns verhalten, wenn wir in einer ähnlichen Situation wie Jesus sind?	

Die ***Unschuldsvermutung*** *ist eines der Grundprinzipien eines rechtsstaatlichen Strafverfahrens. Sie ist heute in den meisten Ländern gültig. Sie geht auf den französischen Kardinal Jean Lemoine (1250–1330) zurück. Er war der Erste, der die Unschuldsvermutung als Voraussetzung für einen Strafprozess definierte.*

„Jeder Mensch, der einer strafbaren Handlung beschuldigt wird, ist so lange als unschuldig anzusehen, bis seine Schuld in einem öffentlichen Verfahren, in dem alle für seine Verteidigung nötigen Voraussetzungen gewährleistet waren, gemäß dem Gesetz nachgewiesen ist."

(Allgemeine Erklärung der Menschenrechte der Vereinten Nationen Art. 11 Abs. 1, 1948)

1. Welche Konsequenzen hat das Gesetz?

Das wird verhindert ...

Das wird gefördert ...

2. Welches Verhalten können wir von diesem Gesetz für unseren Alltag ableiten?

3. Orientiert sich dieses Gesetz an der Botschaft von Jesus bzw. an den Aussagen, die in der Bibel zu finden sind? Schreibt in die Sprechblase, wie Jesus dieses Gesetz kommentiert hätte.

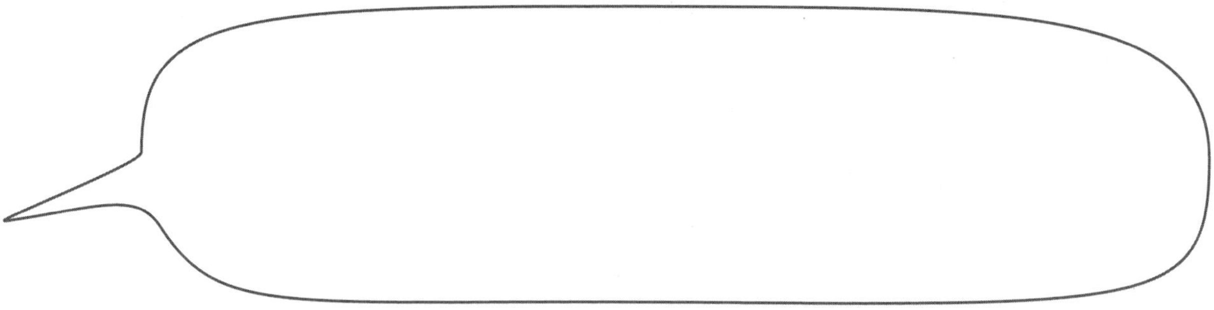

4. Wie verbreitet ist die Unschuldsvermutung in unserem Alltag? Diskutiert miteinander.

Schuld auf andere schieben

Wer Schuld auf andere Menschen schiebt, ist feige. Das weiß jedes Kind. Diese Art, die eigene Schuld zu vertuschen, ist darüber hinaus aber sogar aus mehreren Gründen fragwürdig.

1. Lest die folgenden Aussagen und bewertet sie. Macht ein + in alle Kästchen für „wird verhindert, wenn man Schuld auf andere schiebt“ und ein – für „ist die Konsequenz, wenn man Schuld auf andere schiebt“.

„Ich lerne meine Fehler und Schwächen zu akzeptieren.“ ☐

„Dadurch begehe ich den nächsten Fehler.“ ☐

„Ich setze mich mit meiner Schuld auseinander und lerne die Konsequenzen zu tragen.“ ☐

„Dadurch entstehen meist weiterer Streit, Konflikte usw.“ ☐

„Ich verpasse es, meinen Mut zu beweisen, zu wachsen und selbstbewusster zu werden.“ ☐

„Ich mache mir selbst etwas vor.“ ☐

„Eine Dynamik wird in Gang gesetzt, deren Ausgang ich nicht abschätzen kann.“ ☐

2. Welche Motive sind verantwortlich dafür, dass in unserer Gesellschaft so oft die Schuld auf andere geschoben wird? Malt die Kästchen aus (1 = selten, 10 = sehr häufig). Vergleicht anschließend die Ergebnisse.

	1	**2**	**3**	**4**	**5**	**6**	**7**	**8**	**9**	**10**
Angst										
Bequemlichkeit										
Stolz										
Rache										
Mangelndes Selbstwertgefühl										

„Jedes Jahr kommen in Deutschland mehrere Hundert Menschen für Straftaten ins Gefängnis, die sie überhaupt nicht begangen haben. Doch Hilfe können sie nach ihrer Freilassung nicht erwarten. Für das oft zerstörte Leben der Justizopfer hat der Staat nur 25 Euro Schadenersatz pro Gefängnistag übrig – und viele bürokratische Schikanen."

1. Seid ihr schon mal zu Unrecht beschuldigt worden? Wie habt ihr euch gefühlt? Was ist euch durch den Kopf gegangen?

2. Wie verhält man sich am besten, wenn man zu Unrecht beschuldigt wird? Überlegt zu zweit „Dos and Don'ts".

Do	**Don't**

„Etwas bleibt immer hängen."

(Francis Bacon, englischer Philosoph, frei nach Plutarch)

3. Kommentiert das Zitat. Warum ist es heikel, jemanden zu Unrecht zu verdächtigen? Welche negativen Konsequenzen kann das haben?

Oft ganz unbewusst

Oft werden wir ganz unbewusst schuldig: Wir tun etwas und realisieren überhaupt nicht, etwas Falsches getan zu haben.

1. Betrachtet folgende Beispiele. Worin besteht genau die Schuld? Wer ist schuldig? Wer trägt die Verantwortung?

Neues T-Shirt gekauft, das aus Asien stammt. War total günstig! Hoffentlich wurde es nicht von Kindern genäht.

Keine Ahnung, wie es den Hühnern geht, von denen meine Eier stammen.

Am 11. März 2011 nahm im japanischen Fukushima das Unglück seinen Lauf: Beim Kernkraftwerk traten radioaktive Strahlungen aus und brachten Millionen von Menschen in Gefahr.

Der LKW-Fahrer, der gegen die Wand fuhr, war wohl eingeschlafen. Er war zwölf Stunden am Stück gefahren.

2. Warum ist es in unserer heutigen Gesellschaft (im Unterschied zu vor hundert Jahren) manchmal besonders schwierig, herauszufinden, wer für etwas Verantwortung trägt?

1. Lest die beiden Beispiele. Was geht euch dabei durch den Kopf? Schreibt ein paar Reaktionen aus eurer Klasse auf.

Ein Schüler der Klasse 7b hat den Wandschrank beschädigt. Doch der Täter will nicht gestehen. Also lässt die Lehrerin gleich die ganze Klasse nachsitzen.

Für den Deutschen Fußball-Bund bilden die Fans eines Vereins eine Einheit. Das heißt, auch wenn nur ein paar der Fans gewalttätig werden, kann der ganze Verein bestraft werden.

Reaktionen: ____________ ____________ ____________

2. Welche weiteren Beispiele für „Kollektivstrafe" („Strafe für alle") kennt ihr? Nennt einige Beispiele.

- ____________
- ____________
- ____________
- ____________

3. Warum wird die Kollektivstrafe angewendet? Versetzt euch in die Lehrerin und die Verantwortlichen des Deutschen Fußball-Bunds und schreibt in die Gedankenblasen, was ihnen bei ihrer Entscheidung durch den Kopf gegangen sein könnte.

4. Warum ist die Kollektivstrafe fragwürdig bzw. problematisch? Inszeniert eine Talkshow zu diesem Thema (Gruppengröße 4–5 Personen).

Mitwirkende:
Moderator – Schüler der Klasse 7b (siehe Beispiel oben) – betroffener Fußballfan (siehe Beispiel oben) – Mutter eines Schülers (siehe Beispiel oben)

Vorbereitung auf die Talkshow:
Versetze dich in deine Rolle! Jeder überlegt sich für die Person, die er anschließend spielt:
a) Inwiefern bin ich von der Kollektivstrafe betroffen? Was halte ich davon?
b) Warum finde ich die Kollektivstrafe eine gute oder eine schlechte Idee?
c) Gibt es Alternativen zur Kollektivstrafe – wenn ja, warum – wenn nein, warum nicht?

Der Moderator schreibt als Vorbereitung 4–5 Fragen auf.

Immer ist die Jugend schuld!

Erwachsene beschuldigen oft Jugendliche und machen sie für viele Dinge verantwortlich, die sie gar nicht getan haben.

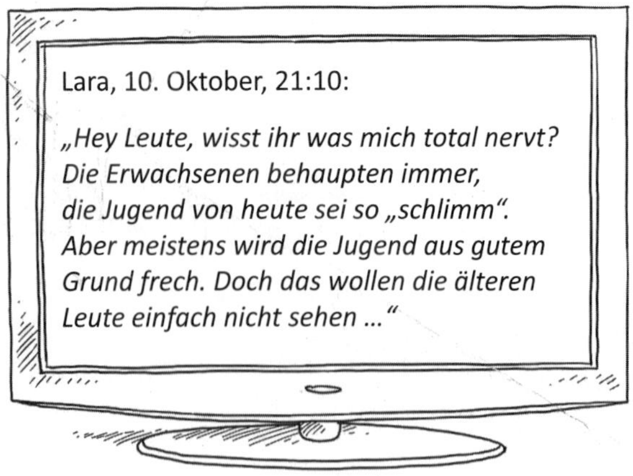

1. Zählt Situationen auf, in denen ihr oder eure Freunde wie Lara genervt waren, weil die Jugend zu Unrecht beschuldigt wurde.

- ______________________
- ______________________
- ______________________
- ______________________

2. Wie könnte man sinnvoll reagieren, wenn man mit Aussagen wie „Die Jugendlichen sind schuld, dass …“ konfrontiert wird? Probiert zu zweit verschiedene Verhaltensweisen aus und spielt sie einander anschließend im Klassenverbund vor. Welche Reaktionen sind am sinnvollsten?

3. Wie könnte man Erwachsene von ihren Vorurteilen gegenüber Jugendlichen befreien? Schreibe einen „öffentlichen Brief“, in dem du sie motivierst, ihre Einstellung zu ändern.

4. Warum schiebt unsere Gesellschaft so gerne die Schuld auf die Jugendlichen oder auf andere Gruppen, z. B. Minderheiten wie Ausländer, Arbeitslose usw.?

____

____

Der junge deutsche Filmemacher Lars-Gunnar Lotz setzt sich in seinem ersten Film mit dem Thema Schuld auseinander

Inhalt: Ben bekommt im idyllisch gelegenen „Waldhaus“ die einmalige Chance auf einen Neuanfang. Als einer von sieben jugendlichen Straftätern soll er in der familiären Gemeinschaft soziale Kompetenz erlernen und Geborgenheit erfahren.

Doch als er auf seine Hausmutter Eva trifft, ist er geschockt: Sie ist eines seiner Opfer. Sein brutaler Überfall auf sie wurde nie aufgeklärt. Während Ben alles versucht, um in der Gruppe nicht aufzufallen, wächst in Eva der Verdacht.

1. Schaut den Trailer des Films an (z. B. auf www.schuld-film.de). Was erfahren wir dabei über die Herausforderungen beim Umgang mit Schuld?

- ______________________ • ______________________
- ______________________ • ______________________
- ______________________ • ______________________

2. Der Filmtitel kann auf verschiedene Weise verstanden werden. Welche Interpretationen fallen euch ein?

____

____

Was ist das Thema des Films, wie bist du darauf gekommen?

Lars-Gunnar: „Durch Zufall sind wir dann auf das Seehaus Leonberg gestoßen, eine Einrichtung des Freien Vollzugs, die es in dieser Art kein zweites Mal gibt. Hier erleben jugendliche Straftäter häufig das erste Mal, was Familie ist, indem sie mit den Sozialarbeitern und deren Familien zusammen wohnen. Im Verlauf der Recherchen bekam ich einen immer größeren Respekt vor den Jungs, die hier ein straffes Programm ableisten, um ihre Chance zu nutzen, ein neues Leben zu beginnen.“

3. Lest das Statement des Regisseurs. Welche Botschaft möchte er mit seinem Film vermitteln? Was können wir davon lernen?

____

____

____

____

____

Warum gibt es die Sünde überhaupt? Darüber zerbrechen sich die Menschen seit Tausenden Jahren den Kopf. Ist die Sünde durch Adam und Eva in die Welt gekommen?

Gott hat mit Adam und Eva die ersten Menschen geschaffen. Sie lebten im Paradies. Ihnen war nur eines verboten: Einen Apfel vom Baum der Erkenntnis zu essen. Doch die Schlange überredete Eva, einen Apfel zu pflücken. Adam und Eva aßen den Apfel, Gott sah es und bestrafte sie: Er vertrieb sie aus dem Paradies.

1. Worin genau bestand die „Sünde" von Adam und Eva?

____

____

2. Welche Konsequenzen hatte sie?

____

1) Lange Zeit waren die Menschen überzeugt, dass Adam und Eva dafür verantwortlich sind, dass es in unserer Welt Sünde gibt. Ihre Sünde hätte sich automatisch auf uns „übertragen", wir hätten sie „geerbt". Doch mittlerweile ist diese Ansicht umstritten.

2) Vielleicht ist die Erbsünde eher so zu verstehen: Wir alle sind und werden von anderen beeinflusst. Wenn jemand etwas Schlechtes tut, hat das Auswirkungen auf andere, die tun vielleicht deshalb wieder etwas Schlechtes ...

3. Vergleiche die beiden Ansichten. Worin unterscheiden sie sich?

____

____

____

____

____

In den Medien taucht oft der Begriff „Ökosünde" auf.

1. Betrachte die Fotos? Welche Sünde wird dargestellt?

▶ ______________________

▶ ______________________

▶ ______________________

2. Lies die Ausschnitte aus dem Schöpfungspsalm (Psalm 104). Warum ist es eine Sünde, der Welt nicht Sorge zu tragen?

„Du lässt Brunnen quellen in den Gründen, dass die Wasser zwischen den Bergen hinfließen, dass alle Tiere auf dem Felde trinken und das Wild seinen Durst lösche. An denselben sitzen die Vögel des Himmels und singen unter den Zweigen. Du feuchtest die Berge von oben her; du machst das Land voll Früchte, die du schaffest; du lässt Gras wachsen für das Vieh und Saat zu Nutz den Menschen, dass du Brot aus der Erde bringest und dass der Wein erfreue des Menschen Herz (…); dass die Bäume des HERRN voll Saft stehen, die Zedern Libanons, die er gepflanzt hat (…) HERR, wie sind deine Werke so groß und viel! Du hast sie alle weislich geordnet, und die Erde ist voll deiner Güter. Das Meer, das so groß und weit ist, da wimmelt's ohne Zahl, große und kleine Tiere …"

____

____

3. Welche Aufgaben können aus dem Schöpfungspsalm abgeleitet werden? Was heißt das konkret für uns? Verfasse sechs Regeln.

① ______________________ ② ______________________

③ ______________________ ④ ______________________

⑤ ______________________ ⑥ ______________________

Von den sieben Todsünden ...

Mit den sieben Todsünden werden die sieben größten Laster bezeichnet.

1. Betrachtet die Fotos und beantwortet für jedes folgende Fragen:

a) Was ist zu sehen?
b) Was genau ist hier die Sünde?
c) Wie könnte die Todsünde lauten?
d) 2–3 aktuelle Beispiele

1

a) ______________________________

____

b) ______________________________

c) ______________________________

d) ______________________________

____

____

2

a) ______________________________

____

b) ______________________________

c) ______________________________

d) ______________________________

____

____

3

a) ______________________________

____

b) ______________________________

c) ______________________________

d) ______________________________

____

____

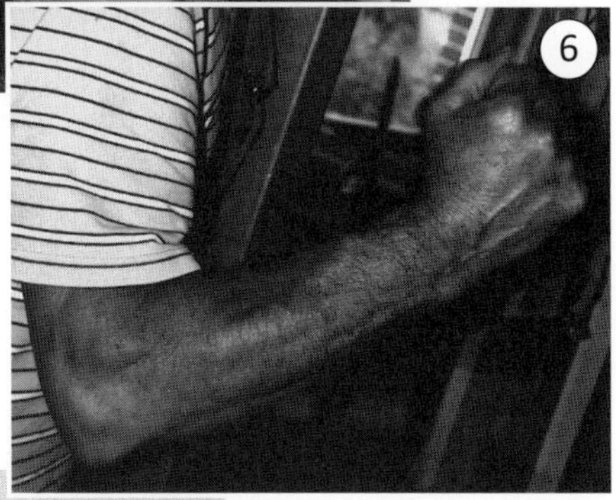

(4)

a) ____________________

____

b) ____________________

c) ____________________

d) ____________________

____

____

(5)

a) ____________________

____

b) ____________________

c) ____________________

d) ____________________

____

____

(6)

a) ____________________

____

b) ____________________

c) ____________________

d) ____________________

____

____

(7)

a) ____________________

____

b) ____________________

c) ____________________

d) ____________________

____

____

2. Wovor wollen die sieben Todsünden warnen? Diskutiert in der Gruppe und notiert stichpunktartig eure Ergebnisse auf der Rückseite.

Es ist oft nicht leicht, das richtige Maß zu finden.

1. Fußball, lernen, telefonieren … verlierst auch du manchmal die richtige „Dosis“ aus den Augen? Fülle die Karte aus.

Name:

Was?

Warum?

Gefahr für dich?

Gefahr für Gesellschaft?

Was wäre das richtige Maß?

2. Warum ist es eine Sünde, das Maß zu verlieren?

3. Wie kann man lernen, das richtige Maß zu halten? Schreibt in die Post-its.

Schuldgefühle bleiben meistens nicht ohne Wirkung.

1. Erinnert euch an Situationen, in denen euch das schlechte Gewissen geplagt hat. Welche Auswirkungen hatte das auf euren Alltag?

2. Warum ist es sinnvoller, Schuld zu verarbeiten anstatt sie „hinunterzuschlucken"? Schreibt in die Warnschilder.

„Vierzig Jahre lang schleppte sie diese Tat mit sich rum, bis sie endlich den Mut fand, darüber zu sprechen …"

3. Warum ist es besonders schwierig, wenn man sich erst nach langer Zeit mit der Schuld auseinandersetzt?

____

____

____

____

Macht Sünde krank?

Im Neuen Testament sind einige Berichte zu lesen, wie Jesus Menschen von der Last der Sünde befreit.

1. Lest die Wundererzählung und gebt ihr anschließend einen Titel.

___

Als er einige Tage später nach Kafarnaum zurückkam, wurde bekannt, dass er (wieder) zu Hause war. Und es versammelten sich so viele Menschen, dass nicht einmal mehr vor der Tür Platz war; und er verkündete ihnen das Wort.
Da brachte man einen Gelähmten zu ihm; er wurde von vier Männern getragen. Weil sie ihn aber wegen der vielen Leute nicht bis zu Jesus bringen konnten, deckten sie dort, wo Jesus war, das Dach ab, schlugen (die Decke) durch und ließen den Gelähmten auf seiner Tragbahre durch die Öffnung hinab. Als Jesus ihren Glauben sah, sagte er zu dem Gelähmten: Mein Sohn, deine Sünden sind dir vergeben! Einige Schriftgelehrte aber, die dort saßen, dachten im Stillen: Wie kann dieser Mensch so reden? Er lästert Gott. Wer kann Sünden vergeben außer dem einen Gott? Jesus erkannte sofort, was sie dachten, und sagte zu ihnen: Was für Gedanken habt ihr im Herzen? Ist es leichter, zu dem Gelähmten zu sagen: Deine Sünden sind dir vergeben!, oder zu sagen: Steh auf, nimm deine Tragbahre und geh umher? Ihr sollt aber erkennen, dass der Menschensohn die Vollmacht hat, hier auf der Erde Sünden zu vergeben. Und er sagte zu dem Gelähmten: Ich sage dir: Steh auf, nimm deine Tragbahre, und geh nach Hause!
Der Mann stand sofort auf, nahm seine Tragbahre und ging vor aller Augen weg. Da gerieten alle außer sich; sie priesen Gott und sagten: So etwas haben wir noch nie gesehen.

(Markus 2,1–12)

2. Welches Verständnis von Sünde wird in diesem Text vermittelt?

___

___

___

3. Gibt es einen Zusammenhang zwischen Sünde (bzw. Schuld) und Krankheit? Diskutiert miteinander.

___

___

___

___

___

___

___

___

1. Kommentiert das Zitat und die Steckbriefe. Überlegt euch positive und negative Argumente.

(1) *Wer sündigt, wird nicht von Gott bestraft, sondern er bestraft sich selber.*

(2)
Name: *Anna*

Alter: *12*

Tat: *Sie hat durch ein Missgeschick den Fernseher kaputt gemacht. Jetzt schiebt sie die Schuld auf ihre kleine Schwester, die in den letzten Wochen schon mehrmals etwas angestellt hat …*

(3)
Name: *Lene*

Alter: *14*

Tat: *Sie lässt beim Zähneputzen immer das Wasser laufen, sie lässt in der ganzen Wohnung das Licht brennen und schaltet den Computer nie aus …*

(4)
Name: *Tim*

Alter: *15*

Tat: *Er setzt ein Gerücht über einen Mitspieler seiner Fußballmannschaft in den Umlauf. Sehr bald wissen alle in der Mannschaft von diesem Gerücht, jeder erzählt es weiter …*

2. Welche Konsequenzen kann eine Sünde haben? Erstellt ein Cluster.

Sünde

3. Überlegt euch eine Fortsetzung für die obigen Beispiele und schreibt sie auf ein extra Blatt. Warum hat Sünde oft eine Dynamik, die man nicht vorhersehen kann?

Vorher/Nachher: Versöhnung gelingt

Manchmal braucht es etwas Mut, damit Versöhnung gelingt.

1. Überlegt euch Versöhnungserfahrungen aus eurem Leben und schreibt auf, wie ihr euch vorher und nachher gefühlt habt.

Vorher

Nachher

2. Habt ihr schon Situationen erlebt, in denen es nicht mit der Versöhnung geklappt hat? Schreibt auf und erzählt euch die Situationen. Eure Mitschüler können euch Tipps geben, wie es das nächste Mal vielleicht klappt.

Situation	Tipps der Mitschüler

3. Was können wir aus diesen positiven und negativen Erfahrungen lernen?

In der Bibel wird in mehreren Geschichten davon berichtet, dass wir unsere schlechten Seiten nicht vor Gott verstecken müssen.

Ein Mann hatte zwei Söhne. Der jüngere von ihnen sagte zu seinem Vater: Vater, gib mir das Erbteil, das mir zusteht. Da teilte der Vater das Vermögen auf. Nach wenigen Tagen packte der jüngere Sohn alles zusammen und zog in ein fernes Land. Dort führte er ein zügelloses Leben und verschleuderte sein Vermögen. Als er alles durchgebracht hatte, kam eine große Hungersnot über das Land und es ging ihm sehr schlecht. Da ging er zu einem Bürger des Landes und drängte sich ihm auf; der schickte ihn aufs Feld zum Schweinehüten. Er hätte gern seinen Hunger mit den Futterschoten gestillt, die die Schweine fraßen; aber niemand gab ihm davon. Da ging er in sich und sagte: Wie viele Tagelöhner meines Vaters haben mehr als genug zu essen und ich komme hier vor Hunger um. Ich will aufbrechen und zu meinem Vater gehen und zu ihm sagen: Vater, ich habe mich gegen den Himmel und gegen dich versündigt. Ich bin nicht mehr wert, dein Sohn zu sein; mach mich zu einem deiner Tagelöhner. Dann brach er auf und ging zu seinem Vater. Der Vater sah ihn schon von Weitem kommen und er hatte Mitleid mit ihm. Er lief dem Sohn entgegen, fiel ihm um den Hals und küsste ihn. Da sagte der Sohn: Vater, ich habe mich gegen den Himmel und gegen dich versündigt; ich bin nicht mehr wert, dein Sohn zu sein. Der Vater aber sagte zu seinen Knechten: Holt schnell das beste Gewand und zieht es ihm an, steckt ihm einen Ring an die Hand und zieht ihm Schuhe an. Bringt das Mastkalb her und schlachtet es; wir wollen essen und fröhlich sein. Denn mein Sohn war tot und lebt wieder; er war verloren und ist wiedergefunden worden. Und sie begannen, ein fröhliches Fest zu feiern.

(Lukas 15,11–25)

Dann kam er nach Jericho und ging durch die Stadt. Dort wohnte ein Mann namens Zachäus; er war der oberste Zollpächter und war sehr reich. Er wollte gern sehen, wer dieser Jesus sei, doch die Menschenmenge versperrte ihm die Sicht; denn er war klein. Darum lief er voraus und stieg auf einen Maulbeerfeigenbaum, um Jesus zu sehen, der dort vorbeikommen musste. Als Jesus an die Stelle kam, schaute er hinauf und sagte zu ihm: Zachäus, komm schnell herunter! Denn ich muss heute in deinem Haus zu Gast sein. Da stieg er schnell herunter und nahm Jesus freudig bei sich auf. Als die Leute das sahen, empörten sie sich und sagten: Er ist bei einem Sünder eingekehrt. Zachäus aber wandte sich an den Herrn und sagte: Herr, die Hälfte meines Vermögens will ich den Armen geben, und wenn ich von jemand zu viel gefordert habe, gebe ich ihm das Vierfache zurück. Da sagte Jesus zu ihm: Heute ist diesem Haus das Heil geschenkt worden, weil auch dieser Mann ein Sohn Abrahams ist. Denn der Menschensohn ist gekommen, um zu suchen und zu retten, was verloren ist.

(Lukas 19,1–10)

1. Was ging dem verlorenen Sohn durch den Kopf?

____

____

____

2. Was löste das Verhalten von Jesus bei Zachäus aus? Verfasst zu zweit ein Interview mit ihm: Überlegt euch gemeinsam 2–3 Fragen (z.B.: „Wie hat die Begegnung mit Jesus Ihr Leben verändert?“) und Antworten.

______________________? ______________________

______________________? ______________________

______________________? ______________________

3. Was können wir persönlich von dieser Geschichte lernen?

____

____

____

Tage der Sühne

Im jüdischen Glauben hat die Auseinandersetzung mit Schuld und Vergebung einen zentralen Platz. Einmal im Jahr begehen die Juden den „Jom Kippur"-Tag.

Thomas, 14, Jude:

„Im letzten Monat des jüdischen Jahres prüfen wir Juden das eigene Tun und Lassen. Die zehn Tage vor dem Versöhnungstag bezeichnen wir als Tage der Umkehr. Wir glauben, dass das Urteil Jahwes[1] noch nicht besiegelt ist. Deshalb feiern wird den Tag der Versöhnung. Er heißt bei uns Jom Kippur und ist der höchste Feiertag. Versöhnung bedeutet für uns, auf Rache zu verzichten und die Bereitschaft zu haben, trotz allem, was passiert ist, gemeinsam den Weg in die Zukunft zu gehen. Voraussetzung dafür ist natürlich, dass alle ihre Taten gestehen, sie bereuen, ihr Verhalten ändern und sich um Wiedergutmachung bemühen.

Bevor wir uns mit Gott versöhnen, müssen mir uns mit den anderen Menschen versöhnen und den Frieden untereinander wiederherstellen. Das Jom Kippur-Fest geht auf die überlieferte Geschichte zurück, dass einst ein Ziegenbock, der mit den Sünden beladen war, in die Wüste geschickt wurde. Jom Kippur wird in unserem heiligen Buch, dem Talmud, oft „der Tag" genannt. Er gilt als Höhepunkt des Jahres und ist der Tag des Sündenbekenntnisses und der Läuterung. An diesem Tag dürfen wird Juden kein Essen oder Getränke zu uns nehmen. Auch Lederschuhe und Stiefel, baden oder waschen sind tabu. Wir verzichten auch auf elektrische Geräte.

Das Ritual vollziehen wir in der Synagoge[2]. Wie alle jüdischen Feiertage beginnt der Versöhnungstag am Abend des Vortages und geht bis Sonnenuntergang. An diesem Tag dauert der Gottesdienst ohne Unterbrechung vom Aufbruch des Tages bis zum Aufgang der Sterne. Die Feier beginnt mit dem Gebet Kol Nidrej. Der Vorsänger wiederholt dieses Gebet noch zweimal. Sein Gesang wird dabei immer intensiver. Zum Schluss bläst der Schofarbläser einen einzigen langgezogenen Ton. Nun ist Jom Kippur zu Ende. Alle wünschen sich ein „Gut Jahr".

[1] Jahwe = Gott [2] Synagoge = jüdische Kirche

1. Welche Bedeutung hat das Jom Kippur-Fest? Wie wird dieser Tag begangen?

2. Welche ähnlichen Feste und / oder Rituale gibt es im Christentum?

3. Was können wir vom jüdischen Umgang mit Schuld lernen?

Für die Christen ist die Taufe auch so etwas wie ein „Versöhnungsfest".

1. Welche Bedeutung hat die Taufe in unserer Gesellschaft? Sammelt Statements in der Klasse, bei Freunden, Verwandten.

2. Welche Bedeutung haben die Elemente und Symbole, die bei der Taufe vorkommen? Recherchiert im Internet.

Wasser **Kerze** **Weißes Kleid**

Das Ritual der Taufe geht auf Jesus zurück, der sich selbst von Johannes dem Täufer taufen ließ. In der Bibel steht, dass Johannes den Menschen die Taufe als ein Ereignis der Vergebung der Sünden vermittelte.

In jenen Tagen kam Jesus aus Nazaret in Galiläa und ließ sich von Johannes im Jordan taufen.

Und als er aus dem Wasser stieg, sah er, dass der Himmel sich öffnete und der Geist wie eine Taube auf ihn herabkam.

Und eine Stimme aus dem Himmel sprach: Du bist mein geliebter Sohn, an dir habe ich Gefallen gefunden.

(Markus 1,9–11)

Nach christlichem Verständnis wird ein Mensch durch die Taufe Teil der christlichen Gemeinschaft. Die Taufe ist auch ein Symbol für das Sterben und Auferstehen des Menschen. Wenn sich jemand taufen lässt, stirbt der bisherige Mensch und ein neuer Mensch wird geboren. Die Taufe reinigt den Menschen von den Sünden.

3. Warum ist die Taufe für die Christen ein zentrales Ereignis?

1. Wann wäscht man sich im Alltag, in den Religionen, im Film usw. die Hände? Finde weitere Bereiche und konkrete Beispiele.

Religionen:

______________________ :

______________________ :

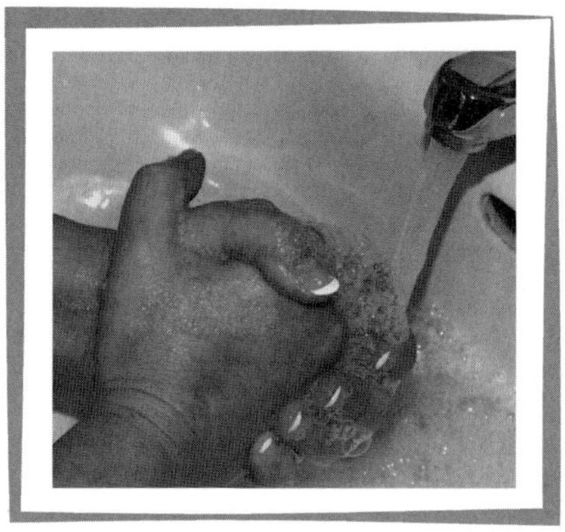

Alltag:

Film:

Bibel:
Altes Testament (Psalm 26,6–7)
Neues Testament: (Matthäus 27,24)

2. Schlagt die beiden Bibelstellen nach und fasst sie zusammen.

3. Welche Redewendung, die auch in der heutigen Zeit oft verwendet wird, hat sich aus den oben erwähnten Bibelstellen entwickelt?

„Es tut mir so leid"
(Ich & Ich)

„Sorry seems to be the hardest word"
(Elton John)

„Feeling sorry"
(Paramore)

1. Kennst du weitere Songs, in denen es um Verzeihen und Versöhnung geht? Wähle zwei Songs aus und suche im Internet die Songtexte. Vergleiche sie miteinander.

	Song 1: ______	Song 2: ______
Inhalt		
Emotionen		
Wichtige / Besondere Begriffe und Formulierungen		
Inhaltliche Gemeinsamkeiten		

2. Was können wir von diesen Songs lernen?

______

______

______

3. Verfasse ein eigenes Gedicht, einen Songtext oder einen Rap und gestalte deinen Text ansprechend.

Sorry vor Millionen

Immer wieder kommt es vor, dass Menschen im Fernsehen vor dem ganzen TV-Publikum oder im Internet, z. B. auf Facebook, jemanden um Verzeihung bitten. „Verzeih mir!" Seit fast zwanzig Jahren gibt es diese Fernsehsendung. Sie lief schon auf verschiedenen TV-Sendern. Die Sendung hatte lange Zeit mehrere Millionen Zuschauer.

Es tut mir so leid.
Kannst du mir verzeihen?

1. Was würde dir durch den Kopf gehen, wenn dich jemand so öffentlich um Verzeihung bitten würde?

2. Sind solche Aktionen eine gute Idee? Diskutiert miteinander und überlegt euch Pro- und Kontra-Argumente.

PRO	**KONTRA**
______	______
______	______
______	______
______	______
______	______
______	______

3. Welche Dinge sollte man bei einem Versöhnungsversuch besser vermeiden?

______

______

______

______

www.dassinddietaeter.de

Anna Müller (siehe Foto) hat drei Kaugummipackungen aus dem Supermarkt geklaut.

Warnung vor Lars Rommel:
Er lässt die ganze Nacht laut Musik laufen.
Meiden Sie ihn als Nachbarn!

Hier sehen Sie die Täter, die beim Fußballspiel für Krawall gesorgt haben. Anführer war: Tom Kuster, Bahnhofstrasse 12, Göttingen.

1. Lest die erfundenen Statements. Wie wär es, wenn es solche Online-Pranger wirklich geben würde? Was würden sie auslösen? Welche Konsequenzen hätten sie?

- ______________________________
- ______________________________
- ______________________________

Im Mittelalter waren Pranger bzw. Schandpfähle keine Seltenheit. Überführte Täter wurden daran angebunden und öffentlich zur Schau gestellt. Alle, die vorbeispazierten, konnten die Täter sehen und erfuhren, für welche Taten sie bestraft worden waren. Meistens standen Pranger an zentralen Plätzen.

2. Was löste dieser Pranger bei den Tätern aus? Was löste der Pranger bei den Passanten bzw. Zuschauern aus?

Täter	**Passanten/Zuschauer**

In den USA gibt es auch heute einen Pranger: Die Behörden veröffentlichen Listen von Straftätern (z. B. Vergewaltigern) mit vollem Namen, Anschrift und Foto. Dies wird von vielen Rechtsexperten kritisiert.

3. Warum ist das problematisch?

____

____

____

____

____

Wie gehen wir mit Tätern um?

Wie kann man so etwas nur tun?
Das ist doch kein Mensch!

Man sollte sie für alle Zeit
hinter Gitter bringen!

1. Welches Image haben Verbrecher und Täter in unserer Gesellschaft? Schreibe spontan passende Adjektive und Formulierungen in den Kasten.

Schwieriger Wiedereinstieg

„Vielen ehemaligen Straftätern fällt die Rückkehr in die Gesellschaft nach ihrer Haftstrafe oft schwer. Sie müssen noch einmal von vorne beginnen, doch kaum einer gibt ihnen eine Chance. Wer will schon jemanden einstellen, der zehn Jahre im Gefängnis war? Viele Freundschaften sind zerbrochen, oft wendet sich die Familie von den Tätern ab …“

2. Inwiefern werden unsere Gesellschaft bzw. wir im Umgang mit Tätern auch zu Tätern?

3. Wie würde Jesus mit Tätern umgehen? Was können wir von ihm lernen? (**Tipp:** Lest die Erzählung über Jesus und die Ehebrecherin: Johannes 8,1– 11)

Die Schuld auf sich nehmen (damit ein anderer davonkommt) – eine gute Idee? Schon immer gab es Menschen, die eine Schuld auf sich genommen haben, um den Schuldigen zu schützen.

1. Hast du schon mal einen Täter gedeckt? Beschreibe die Gedanken, die dir durch den Kopf gegangen sind.

2. Überlegt euch für die Beispiele in den Sprechblasen jeweils zwei Fortsetzungsvarianten:

a) Was passiert kurz- und langfristig, wenn der richtige Täter gedeckt wird?
b) Was passiert kurz- und langfristig, wenn der Täter nicht gedeckt wird?

„Ich sage, ich bin es gewesen, sonst wird sie von der Schule geworfen."

„Er ist alkoholisiert gefahren. Deshalb sagen wir der Polizei, dass ich gefahren bin."

„Wahre Freunde decken einen, wenn man etwas angestellt hat."

3. Kommentiert das Zitat. Überlegt euch Pro und Kontra.

Schuldzuweisungen vermeiden

1. Wie kann man jemanden, der sich offensichtlich keiner Schuld bewusst ist, auf seine Schuld aufmerksam machen? Bildet Kleingruppen, schneidet die Sätze an den gestrichelten Linien auseinander. Nun zieht jeder der Reihe nach einen Satz und liest ihn vor. Kommentiert den Satz. Bildet zwei Häufchen:
a) empfehlenswert
b) nicht empfehlenswert

2. Formuliert auf einem Plakat die wichtigsten Grundregeln.

***Nur damit du weißt,
was deine Reaktion bei mir ausgelöst hat: …***

Wegen dir habe ich die ganze Nacht kein Auge zugetan!

Du schnallst aber auch nie, was du bei anderen anrichtest.

***Könntest du mir erklären,
was genau dir durch den Kopf gegangen ist?***

Schon wieder: Du musst immer alles kaputt machen!

Jetzt sag endlich, dass du es gewesen bist!

***Es würde mir helfen, zu wissen,
wer dafür verantwortlich ist.***

Ich weiß nicht, wer es gewesen ist, aber ich würde es sehr mutig finden, wenn die verantwortliche Person es zugeben würde.

Du bist einfach zu feige, um dazu zu stehen!

Was hast du dir nur wieder dabei gedacht?

Wie können wir verhindern, dass wir sündigen oder schuldig werden?

1. Betrachte das Wordle. Inwiefern sind die genannten Begriffe „Zutaten“ für eine Gesellschaft ohne Sünde?

Zuverlässigkeit

Treue

RESPEKT

Ehrlichkeit

Akzeptanz

2. Wer konsequent die 10 Gebote achtet, verhindert, Sünden auf sich zu laden. Wie lauten die 10 Gebote und was bedeuten sie?

Gebote		Bedeutung/Beispiele
1. Du sollst keine anderen Götter neben mir haben.	→	Von materiellen Dingen abhängig werden (z. B. Geld ist der wichtigste Lebensinhalt).
2.	→	
3.	→	
4.	→	
5.	→	
6.	→	

7.

8.

9.

10.

3. Welche Sünde droht, wenn das Gebot gebrochen wird? Findet für einige der Gebote ein Beispiel.

4. Die 10 Gebote sind schon über 2000 Jahre alt. Warum sind sie auch für uns heute eine Orientierungshilfe?

Jesus wurde am Kreuz hingerichtet, ohne, dass er eigentlich schuldig gewesen wäre. Die Christen glauben, dass er den Tod auf sich genommen hat, um die Menschen von ihrer Schuld zu erlösen. Er hat stellvertretend für sie die Konsequenzen für ihre Schuld übernommen. Doch Gott hat ihn von den Toten auferweckt und ihm das ewige Leben geschenkt. An Ostern erinnern sich die Christen an dieses Ereignis und feiern ihre Hoffnung, dass Gott auch ihnen das ewige Leben schenken wird.

1. Jesus hat während seines Lebens viele aus der Verstrickung der Schuld befreit. Lest folgende Bibelstellen. Fasst zusammen, inwiefern er die Personen von der Schuld befreit und ihnen ein neues Leben geschenkt hat.

Lukas 19,1–10

Lukas 5,17–26

Johannes 8,1–11

2. Wählt eine Geschichte aus und schreibt eine Fortsetzung: Wie hat das neue Leben, das Jesus ihnen geschenkt hat, wohl ausgesehen?

Gott vergibt

1. Lest die Bibelzitate und markiert in den Texten, was wir über Gott und Jesus erfahren.

Seid gütig zueinander, seid barmherzig, vergebt einander, weil auch Gott euch durch Christus vergeben hat. *(Epheser 4,32)*

Wenn dein Bruder sündigt, weise ihn zurecht; und wenn er sich ändert, vergib ihm. Und wenn er sich siebenmal am Tag gegen dich versündigt und siebenmal wieder zu dir kommt und sagt: Ich will mich ändern!, so sollst du ihm vergeben. *(Lukas 17,3–4)*

Petrus antwortete ihnen: Kehrt um und jeder von euch lasse sich auf den Namen Jesu Christi taufen zur Vergebung seiner Sünden; dann werdet ihr die Gabe des Heiligen Geistes empfangen. Denn euch und euren Kindern gilt die Verheißung und all denen in der Ferne, die der Herr, unser Gott, herbeirufen wird. *(Apostelgeschichte 2,38–39)*

Denn ich verzeihe ihnen ihre Schuld und an ihre Sünden denke ich nicht mehr. *(Hebräer 8,12)*

Der Herr ist barmherzig und gnädig, langmütig und reich an Güte. *(Psalm 103,8)*

Und wenn ihr beten wollt und ihr habt einem anderen etwas vorzuwerfen, dann vergebt ihm, damit auch euer Vater im Himmel euch eure Verfehlungen vergibt. *(Markus 11,25–26)*

Wenn wir unsere Sünden bekennen, ist er treu und gerecht; er vergibt uns die Sünden und reinigt uns von allem Unrecht. *(1 Johannes 1,9)*

Jesus aber betete: Vater, vergib ihnen, denn sie wissen nicht, was sie tun. Dann warfen sie das Los und verteilten seine Kleider unter sich. *(Lukas 34)*

Wer ist ein Gott wie du, der du Schuld verzeihst und dem Rest deines Erbvolkes das Unrecht vergibst? Gott hält nicht für immer fest an seinem Zorn; denn er liebt es, gnädig zu sein. *(Micha, 7,18)*

Da trat Petrus zu ihm und fragte: Herr, wie oft muss ich meinem Bruder vergeben, wenn er sich gegen mich versündigt? Siebenmal? Jesus sagte zu ihm: Nicht siebenmal, sondern siebenundsiebzigmal. *(Matthäus 18,21–22)*

2. Warum ist in der Bibel so oft von der Vergebung die Rede?

3. Welche Textstelle findet ihr am herausforderndsten? Begründet eure Auswahl.

Die katholische Kirche kennt das Sakrament der Beichte. Hier können Menschen einem Priester ihre Schuld bekennen und werden von ihm von der Schuld losgesprochen.

1. Schneide die Puzzleteile aus und ordne die Titel den richtigen Texten zu.

Sakrament

Wer sündigt, zerstört nicht nur das Verhältnis zwischen Menschen, sondern auch zwischen sich und Gott.

Beichtgeheimnis

Die Lossprechung von einer Sünde wird möglich, wenn der Beichtende seine Tat bereut, einen guten Vorsatz gefasst hat, seine Tat bekennt und sich für Wiedergutmachung einsetzt.

Der Priester ist an die Schweigepflicht gebunden. Er darf nicht weitererzählen, was man ihm während der Beichte anvertraut. Selbst, wenn jemand eine Straftat (z. B. einen Mord) gesteht, darf er die Polizei nicht informieren. Er kann sich allerdings bei besonders schweren Fällen vom Bischof von seiner Schweigepflicht entbinden lassen.

Beziehung zu Gott

Die katholische Kirche kennt sieben davon: Taufe, Firmung, Eucharistie, Bußsakrament / Beichte, Ehe, Diakon- / Priester- / Bischofsweihe, Krankensalbung. Ein anderes Wort dafür ist Heilszeichen. In der evangelischen Kirche gibt es nur drei: Taufe, Beichte und Abendmahl.

Voraussetzungen

2. Manche Menschen kritisieren das Beichtgeheimnis. Warum ist das Beichtgeheimnis sinnvoll, selbst, wenn dabei Verbrecher geschützt werden?

____

____

____

____

3. Warum braucht es die Beichte? Reicht es nicht, sich beim anderen zu entschuldigen?

____

____

____

Die evangelische Kirche kennt keine Einzelbeichte. Evangelische Christen bitten Gott in einem Bußgottesdienst um Vergebung der Sünden. Solche Gottesdienste gibt es mittlerweile auch in der katholischen Kirche.

4. Was sind die Unterschiede zwischen Beichte und Bußgottesdienst bzw. was ist die jeweilige Stärke? Erstelle eine Mindmap auf einem extra Blatt.

1. Welche Elemente sollten in einem Bußgottesdienst unbedingt vorkommen? Schreibt in die Scherben.

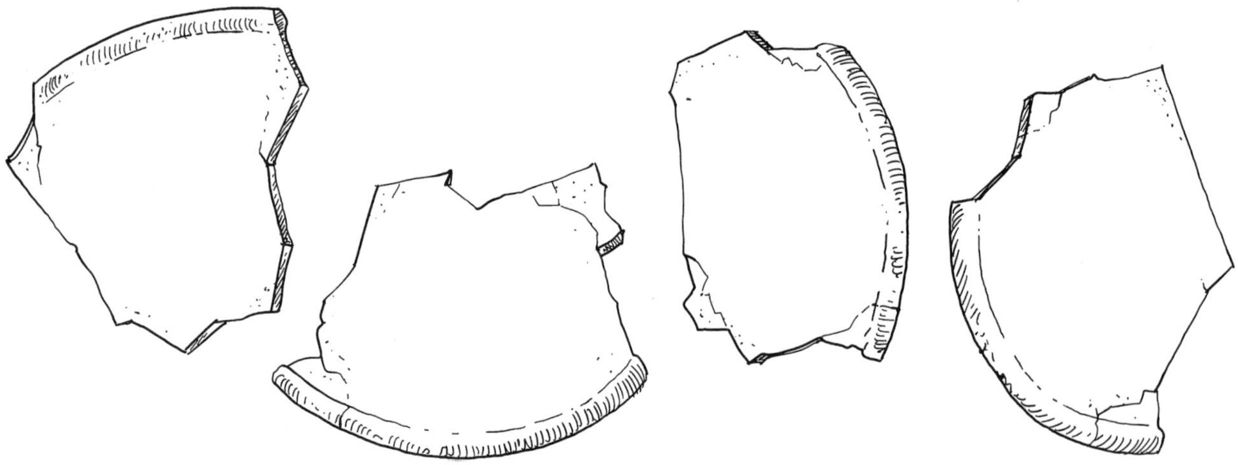

2. Bereitet in der Klasse oder in Kleingruppen eine kleine Bußfeier vor. Die folgenden Elemente dienen euch als Inspiration, ihr müsst aber nicht zwingend alle in eure Feier einbauen.

Mögliche Elemente/Formen	Was?
Titel	
Gebete	
Musik / Lieder	
Texte (Bibel oder anderes)	
Rituale	
Ort	

Adolph Menzel (1815 – 1905), Gottesdienst in der Buchenhalle von Kösen, 1886 Szépművészeti Múzeum, Budapest

Im Internet gibt es mittlerweile verschiedene Homepages, die eine „Online-Beichte“ ermöglichen. Die Kirchen distanzieren sich von diesen Angeboten.

1. Warum sind solche Online-Beicht-Portale so erfolgreich?

2. Welche Chancen / welche Gefahren bieten solche Beicht-Homepages?

Chancen:

Gefahren:

3. Was sind die Unterschiede zwischen einer Online-Beichte und einer richtigen Beichte?

Gott um Verzeihung bitten (Bußgebete)

1. Ergänzt die fehlenden Buchstaben mit Beispielen.

2. Wählt vier Situationen aus und verfasst für jede davon ein Bußgebet.

Anna angelogen

Bettler ausgelacht

C ______________________

D ______________________

E ______________________

Fenster in Turnhalle zerbrochen

G ______________________

H ______________________

Im Internet jemanden bloßgestellt

J ______________________

Keine Zeit

L ______________________

M ______________________

N ______________________

O ______________________

P ______________________

3. Überlegt euch persönliche Bußgebete. Schreibt sie auf kleine Zettel. Anschließend könnt ihr die Zettel gemeinsam verbrennen oder in einen Schredder stecken. Sprecht zuvor oder hinterher ein gemeinsames Vergebungsgebet.

Das Vaterunser-Gebet hat Jesus den Menschen beigebracht als Beispiel dafür, wie sie sich an Gott wenden können. In diesem Gebet sind alle wichtigen Anliegen zusammengefasst. Es ist darin auch ein Vers zu finden, in dem es um Vergebung geht.

> ***„Und vergib uns unsere Schuld,***
> ***wie auch wir vergeben unseren Schuldigern.“***

1. Was genau ist mit Schuldigern gemeint? Überlegt euch Beispiele.

______________________ ______________________ ______________________

______________________ ______________________ ______________________

2. Was erfahren wir in diesem Gebetsvers über uns selbst?

____

____

____

____

____

____

3. Welche Aufgaben leiten sich aus diesem Gebetsvers für uns selbst ab?

____

____

____

____

____

____

____

____

____

Das Gleichnis vom unbarmherzigen Schuldner

1. Lies das Gleichnis.

Da trat Petrus zu ihm und fragte: Herr, wie oft muss ich denn meinem Bruder, der an mir sündigt, vergeben? Genügt es siebenmal? Jesus sprach zu ihm: Ich sage dir: nicht siebenmal, sondern siebzigmal siebenmal. Darum gleicht das Himmelreich einem König, der mit seinen Knechten abrechnen wollte. Und als er anfing abzurechnen, wurde einer vor ihn gebracht, der war ihm zehntausend Zentner Silber schuldig. Da er's nun nicht bezahlen konnte, befahl der Herr, ihn und seine Frau und seine Kinder und alles, was er hatte, zu verkaufen und damit zu bezahlen. Da fiel ihm der Knecht zu Füßen und flehte ihn an und sprach: Hab Geduld mit mir; ich will dir's alles bezahlen. Da hatte der Herr Erbarmen mit diesem Knecht und ließ ihn frei und die Schuld erließ er ihm auch. Da ging dieser Knecht hinaus und traf einen seiner Mitknechte, der war ihm hundert Silbergroschen schuldig; und er packte und würgte ihn und sprach: Bezahle, was du mir schuldig bist! Da fiel sein Mitknecht nieder und bat ihn und sprach: Hab Geduld mit mir; ich will dir's bezahlen. Er wollte aber nicht, sondern ging hin und warf ihn ins Gefängnis, bis er bezahlt hätte, was er schuldig war. Als aber seine Mitknechte das sahen, wurden sie sehr betrübt und kamen und brachten bei ihrem Herrn alles vor, was sich begeben hatte. Da forderte ihn sein Herr vor sich und sprach zu ihm: Du böser Knecht! Deine ganze Schuld habe ich dir erlassen, weil du mich gebeten hast; hättest du dich da nicht auch erbarmen sollen über deinen Mitknecht, wie ich mich über dich erbarmt habe? Und sein Herr wurde zornig und überantwortete ihn den Peinigern, bis er alles bezahlt hätte, was er ihm schuldig war. So wird auch mein himmlischer Vater an euch tun, wenn ihr einander nicht von Herzen vergebt, ein jeder seinem Bruder.

(Matthäus 18,21–35)

2. In dieser Geschichte kommen zwei verschiedenen „Denkweisen" oder „Logiken" vor: die menschliche und die göttliche. Schreibe in die Sprechblasen, wie sie lauten.

Mensch **Gott**

3. Wie könnte diese Geschichte in unserem Alltag ablaufen? Überlege dir eine neue Version und schreibe sie auf. (Alternative: Überlegt euch zu dritt ein Theaterstück und führt es gemeinsam auf.)

___

___

___

___

___

Buße ist auf verschiedene Arten möglich. Nach heutigem christlichen Verständnis dürfen wir darauf vertrauen, dass Gott uns die Schuld vergibt, sofern wir sie bereuen. Seine Vergebung hängt nicht von der Art und der Größe der Buße ab. Die Buße soll nicht „erniedrigen" oder einen „bloßstellen", sondern dabei helfen, die begangene Schuld wiedergutzumachen und sich bewusst zu machen, was man den anderen Menschen angetan hat.

„Dafür will ich 500 Euro!"

1. Wie kann man Buße tun bzw. den Schaden, den man angerichtet hat, wiedergutmachen? Überlegt euch Ideen.

2. Warum hängt es vom jeweiligen Fall bzw. der jeweiligen Person ab, welche Form der Buße sinnvoll ist? Argumentiert und nennt konkrete Beispiele.

3. Wie lässt sich herausfinden, welche Art der Buße im jeweiligen Fall am sinnvollsten ist? Schreibt in die Liste.

-
-
-
-

Asche auf sein Haupt streuen

1. Betrachtet das Foto. Was fällt euch dazu ein? Schreibt rund um das Bild.

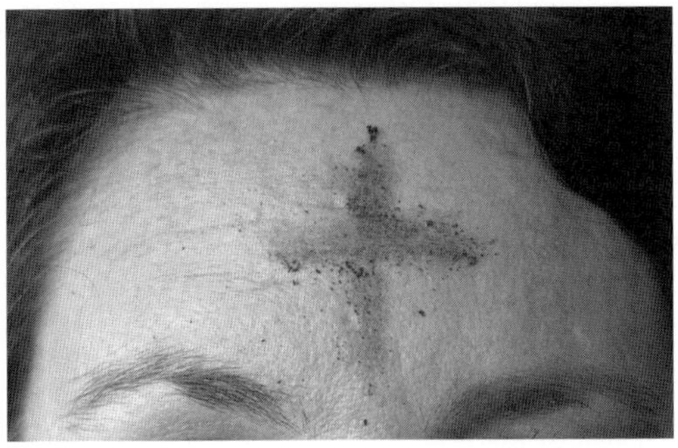

Woher kommt das Sprichwort „Asche auf sein Haupt streuen“?

Der Aschermittwoch ist der Beginn der Fastenzeit. An diesem Tag findet ein besonderer Bußgottesdienst statt: Den Mitfeiernden wird Asche auf den Kopf gestreut oder ein Kreuz aus Asche auf die Stirn gemalt. Dabei werden die Worte „Gedenke Mensch, dass du Staub bist und zum Staub zurückkehrst“ gesprochen. Damit ist gemeint, dass das Leben ein Ende hat und der Mensch sich bewusst sein soll, dass seine Zeit auf Erden nicht unbegrenzt ist. Aus dieser Symbolik hat sich die Redewendung „Asche auf sein Haupt streuen“ entwickelt.

2. Kann das Aschekreuz eine ähnliche Funktion wie ein Tattoo haben? Findet Gemeinsamkeiten und Unterschiede.

	Gemeinsamkeiten	**Unterschiede**
Tattoo		
Aschekreuz		

3. Stellt euch Folgendes vor: Ihr lauft einen Tag lang mit einem Aschekreuz durch die Gegend. Was löst das bei dir und anderen aus? Schreibt einen fiktiven Tagesrückblick in Form eines Blogbeitrags.

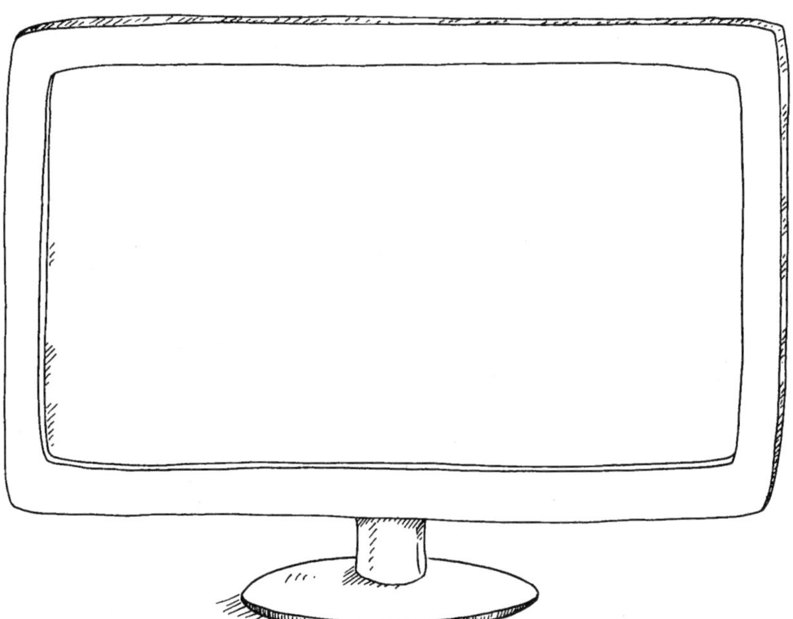

Advent und Fastenzeit gelten im Kirchenjahr als „Bußzeiten“.

1. Was macht man vor einem großen Fest oder wenn man wichtigen Besuch erwartet?

2. Welche dieser Vorbereitungen treffen auch auf kirchliche Feste zu?

3. Was ist typisch für die Fastenzeit und die Adventszeit? Schreibt in die Kreise und überlegt euch die Gemeinsamkeiten dieser beiden Vorbereitungszeiten.

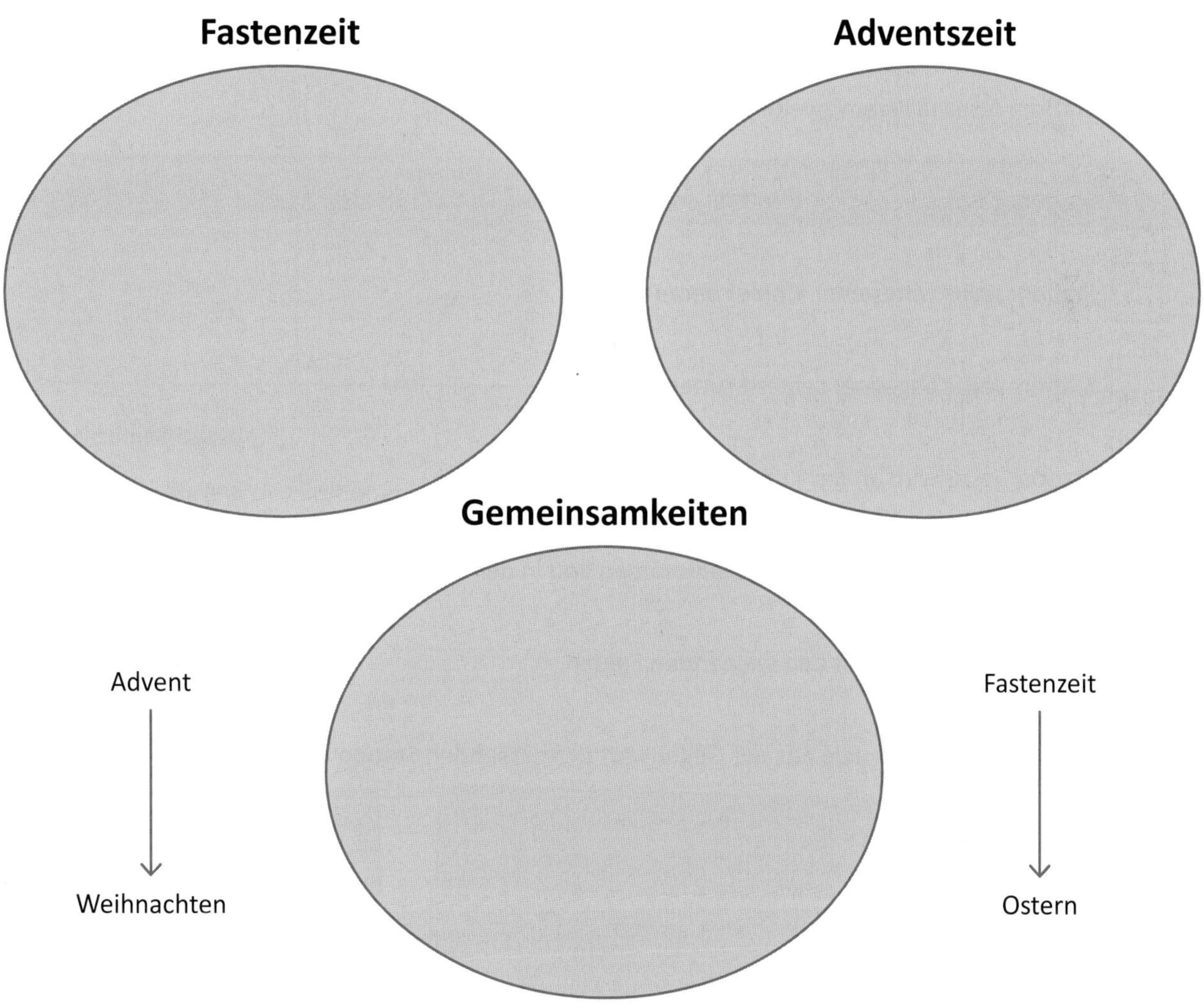

4. Macht ein Brainstorming in der Gruppe und überlegt euch, wie wir heute den Advent bzw. die Fastenzeit als „Bußzeit“ gestalten könnten. Was könnte man konkret machen?

Ideen für Versöhnungsrituale

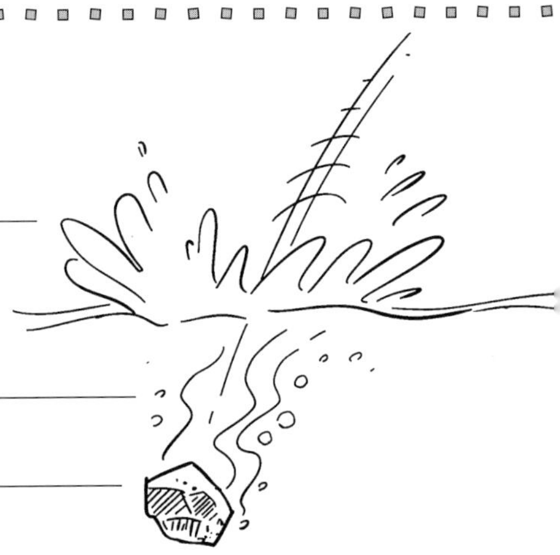

1. Inwiefern kann es helfen, die Versöhnung mit einem Ritual zu vollziehen?

____

____

____

____

2. Schreibt für jedes Icon / Bild eine passende Idee auf.

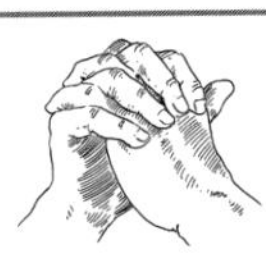	

Meine Top 3:

1 ______________________________

2 ______________________________

3 ______________________________

1. Schneidet die Kärtchen aus. Lest anschließend die Sätze und ordnet sie auf vier Häufchen an.

→ trifft total zu **→ trifft einigermaßen zu** **→ trifft ein wenig zu** **→ trifft gar nicht zu**

„Mich für etwas zu entschuldigen, fällt mir immer total schwer."

„Wenn ich schuld bin, ist mir das unheimlich peinlich."

„Manchmal nehme ich eine Entschuldigung an, auch wenn ich der Person insgeheim trotzdem nicht verzeihe."

„Die Vorstellung, mich bei jemanden entschuldigen zu müssen, bereitet mir manchmal schlaflose Nächte."

„Ich entschuldige mich meistens schriftlich: per SMS, Mail oder Brief."

„Ich habe mich auch schon mal entschuldigt, nur damit der andere zufrieden war – aber es war von mir nur gespielt."

„Bevor ich mich entschuldige, frage ich meistens jemanden um Rat."

„Wenn mir jemand etwas angetan hat, bin ich beleidigt, bis er sich bei mir entschuldigt hat. Ich bestehe auf eine Entschuldigung."

„Ich sage es offen und ehrlich, wenn ich eine Entschuldigung nicht akzeptiere bzw. nicht ernst nehmen kann."

„Ich entschuldige mich meistens sofort, wenn ich einen Fehler gemacht habe."

„Es ist mir eigentlich gar nicht so wichtig, dass sich jemand bei mir entschuldigt. Wichtiger ist, dass ich innerlich verziehen habe."

2. Vergleicht zu zweit eure Ergebnisse.

3. Diskutiert in der Klasse: Kann man Versöhnung lernen?

Jobprofil: Versöhnungsprofi

Wenn „Versöhnungsprofi" ein eigener Beruf wäre, welche Fähigkeiten müsste man mitbringen?

1. Fülle die Kästchen aus.

Fähigkeiten:	Interessen:

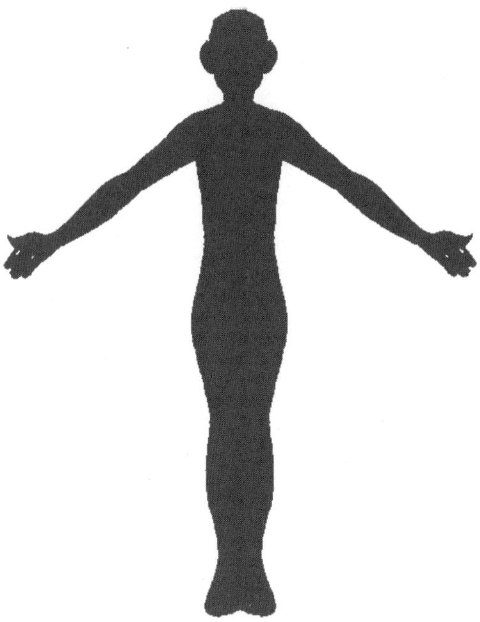

„Arbeitszeiten" und „Arbeitsorte":	Bereitschaft zu:

2. Bist du für diesen „Beruf" geeignet? Argumentiere.

____

____

____

3. Wie kann man ein „Versöhnungsprofi" werden?

Eine Klasse ist in zwei Gruppen gespalten, die miteinander im Dauerstreit sind. Wie kann man vermitteln und einen Beitrag zur Versöhnung leisten?

Gruppe 1 ⟶ **ICH** ⟵ **Gruppe 2**

1. Verfasst zu zweit eine „Anleitung“: Was soll man unternehmen? Was besser unterlassen?

ANLEITUNG

2. Stellt eure Anleitung einer anderen 2er-Gruppe vor und umgekehrt. Was sind die Gemeinsamkeiten und Unterschiede? Ergänzt auf eurem Blatt, was euch noch wichtig ist. Nun werden alle Anleitungen in der Klasse vorgestellt und miteinander verglichen.

3. Diese Anleitung lässt sich auch auf andere Bereiche anwenden: z. B. Sport, verfeindete Länder etc. Überlegt euch, welchen Beitrag jeder Einzelne von uns leisten kann, auch wenn man manchmal das Gefühl hat, machtlos zu sein!

Ich bin fehlerlos! S. 8

2. Wer sich zu seiner Schuld bekennt, gesteht, dass er nicht fehlerlos ist oder dass er etwas nicht gut kann. Das kratzt am eigenen Selbstwertgefühl. Er muss zugeben, dass er unverantwortlich oder unüberlegt gehandelt hat oder etwas vergessen hat. Das wird in unserer Gesellschaft nicht gerne gesehen: Die meisten Menschen haben einen Perfektionsanspruch an sich. Oft haben die Menschen auch Angst vor negativen Reaktionen, wenn sie ihre Schuld zugeben.

3. Die Person ist ehrlich, aufrichtig und mutig. Sie erkennt, dass sie etwas falsch gemacht hat und ist auch bereit, dazu zu stehen. Die Person ist mit sich selbst im Reinen.

Wie fühlt sich Schuld an? S. 9

3. Kein Mensch ist ohne Schuld, jeder lässt sich irgendwann einmal etwas zuschulden kommen. Doch viele verdrängen die eigene Schuld oder sie zeigen mit dem Finger auf andere und verurteilen sie, wobei sie eigentlich wissen sollten, dass jeder Mensch Fehler macht. Dies führt zu Verstimmungen, zu Streit, bis hin zu Feindlichkeiten. Wenn jeder zuerst „vor seiner eigenen Tür kehren" würde, wäre der Respekt und die Bereitschaft, Fehler von anderen zu akzeptieren, größer und damit wäre das Leben auf unserer Welt friedlicher.

Wer ohne Schuld ist S. 14

1. Wir bewundern und beneiden viele Promis. Sie sind Vorbilder. Deshalb ist der Schock besonders groß, wenn sie ein Verbrechen begehen. Wenn wir uns über Prominente lustig machen, müssen wir uns nicht mit uns selbst beschäftigen bzw. sind nicht mit unseren eigenen Fehlern konfrontiert.

2. **Zusammenfassung:** Jesus begegnet einer Gruppe von Menschen, die gerade dabei sind, eine Frau zu steinigen, die ihren Mann betrogen hat. Er hindert sie daran und konfrontiert sie mit der provokativen Frage, ob wirklich alle Anwesenden ohne Schuld seien.

   Warum provoziert Jesus? Er will allen Menschen bewusst machen, dass wir oft zu schnell andere Menschen verurteilen und viel zu wenig daran denken, dass wir alle auch nicht ohne Fehler sind.

   Was können wir für unseren Alltag lernen? Auf (Vor-)Verurteilungen verzichten, nicht über andere lästern, nicht mit dem Finger auf andere zeigen, sich bewusst machen: Niemand ist perfekt, jedem passieren Fehler.

   Wie sollten wir uns verhalten, wenn wir in einer ähnlichen Situation wie Jesus sind? Wenn Menschen über andere lästern oder sie verurteilen, können wir sie in die Schranken weisen, indem wir sie darauf aufmerksam machen, dass dies nicht fair ist, bzw. dass jeder Mensch Fehler macht, niemand perfekt ist.

Unschuldsvermutung S. 15

1. **Das wird verhindert:** Es wird niemand vorverurteilt. Laien richten aus dem Gefühl heraus über einen Menschen. **Das wird gefördert:** Das Gesetz garantiert einen fairen Prozess bzw. einen fairen Umgang mit dem Beschuldigten etc.

3. Individuelle Lösungen, z. B.: „Behandelt jeden so, wie ihr behandelt werden möchtet. Seid respektvoll zu allen. Verzeiht. Kehrt vor der eigenen Türe, niemand ist ohne Schuld, deshalb sollte man niemanden verurteilen. Lasst ihn seine Sicht der Dinge mitteilen, hört genau hin."

Zu Unrecht beschuldigt S. 17

1. z. B. „Das ist nicht fair!", „Wie kann ich die anderen überzeugen, dass sie mir Unrecht tun?", „Ich habe nichts getan und will mich nicht rechtfertigen."

2. **Dos:** Ruhe bewahren; den anderen ausreden lassen; den anderen ruhig darauf aufmerksam machen, dass er im Unrecht ist (evtl. mit Beweisen oder Argumenten) usw.

Don'ts: emotional werden (weinen, brüllen etc.); dem anderen ins Wort fallen; schweigen oder davonlaufen; den anderen lächerlich machen usw.

3. Selbst wenn sich herausstellt, dass jemand zu Unrecht beschuldigt wurde, bleibt ein letzter Verdacht bzw. negativer Eindruck haften („negativer Stempel"). Deshalb sollte man mit Unterstellungen und Schuldzuweisungen besonders vorsichtig sein.

Oft ganz unbewusst

S. 18

1. **T-Shirt:** Schuldig ist die Modefirma, aber auch der Käufer (also wir).

   Eier: Schuldig ist der Bauer, aber auch die Supermärkte, die die Eier verkaufen, und wir Konsumenten (die Person, die die Eier kauft, aber auch alle, die die Eier essen, ohne zu fragen, woher die Eier stammen).

   Fukushima: Schuldig ist der Betreiber des Kraftwerkes, das Erdbeben, die Hersteller des Kraftwerks, der Staat (er hat den Bau erlaubt und evtl. sogar gefördert), die Menschen in Japan (sie brauchen immer mehr Strom), Touristen in Japan und die Menschen weltweit (alle brauchen immer mehr Strom).

   LKW-Fahrer: Schuldig ist der Fahrer, der Chef des Fahrers, der Auftraggeber (er wollte die Ware schnell haben), die Konsumenten (wollten die Waren schnell haben) – Grundsätzlich: Verantwortung lässt sich nicht auf eine Person reduzieren, es sind immer mehrere mitverantwortlich.

2. Unsere globalisierte Gesellschaft ist immer mehr vernetzt und voneinander abhängig. Wir beeinflussen uns gegenseitig, setzen uns unter Druck usw. (siehe Beispiel LKW-Fahrer). Ein Angestellter eines Großkonzerns beispielsweise trägt nur eine Teilverantwortung. Er kann die strategischen Unternehmensziele nicht oder nur in geringem Maße beeinflussen. Manchmal können wir sogar gar nicht wissen, welche Konsequenzen unser Verhalten hat.

Alle gemeinsam schuldig? – die Kollektivstrafe

S. 19

1. Reaktionen: unfair, absurd, ungerecht usw.
2. individuelle Beispiele, z. B.: im Nationalsozialismus (alle Juden, Sippenhaft), Asylbewerber („Verbot für alle Flüchtlinge aus XY nach Deutschland zu kommen")
3. Lehrerin: Nur so komme ich der Wahrheit auf die Spur!
   Fußball-Bund: Das ist eine Abschreckungsmaßnahme, so können am ehesten künftige Probleme verhindert werden.

Immer ist die Jugend schuld!

S. 20

2. Als Hilfe und Inspiration können Sie folgende Sätze (Überschrift: „Mögliche sinnvolle Reaktionen") an die Tafel schreiben: – „Manche Jugendliche sind so, aber ich beispielsweise mache so etwas nie."/„Wie kommen Sie zu dieser Überzeugung? Kennen Sie persönlich solche Jugendliche?"/„Ich kann Ihnen gerne anhand einiger Beispiele zeigen, dass die Realität anders aussieht."/einen Leserbrief schreiben (z. B. wenn Medien negativ über Jugendliche berichten) oder einen Brief an Politiker usw.

4. Eine weit verbreitete menschliche Eigenschaft ist, Andersartigkeit mit Misstrauen zu begegnen oder abzulehnen. Es ist immer einfacher, anderen die Schuld zu geben, als bei sich selbst zu suchen.

Schuld sind immer die anderen

S. 21

1. Schuld belastet langfristig / Schuld verursacht meistens neue Konflikte / Verzeihen als Voraussetzung für die Bewältigung von Schuld – Verzeihen kann aber nicht erzwungen werden
2. Man schiebt die Schuld immer sehr schnell auf die anderen. / Niemand ist alleine schuld, sondern meist mehrere.

3. Auch wenn jemand etwas wirklich Schlimmes angestellt hat, sollte man ihm die Chance zu einem Neuanfang geben. Manchmal machen die Umstände einen zum Täter (z. B. wenn jemand in einem problematischen Umfeld aufwächst). Es ist immer problematisch, über andere zu richten.

Erbsünde: Adam & Eva S. 22

1. Sie verstießen gegen das Gebot Gottes. Sie haben sein Vertrauen missbraucht.
2. Sie wurden aus dem Paradies vertrieben, das Unglück, die Sünde kam in die Welt – deshalb ist die Welt heute so, wie sie ist (viel Neid, Missgunst, Verbrechen usw.).
3. Bei der ersten Ansicht werden Adam und Eva als Sünder abgestempelt – jeder Mensch leidet wegen ihnen (ohne dass er etwas dafür kann). Bei der zweiten Ansicht ist jeder Mensch mitverantwortlich bzw. es wird sichtbar: Jeder von uns hat einen Einfluss auf die Welt. Alles, was man tut oder nicht tut, hat Konsequenzen. Deshalb ist es wichtig, sich dieser Verantwortung bewusst zu sein!

Ökosünde S. 23

1. Umweltverschmutzung; Strom- / Wasserverschwendung; Verschwendung von Benzin bzw. Kraftstoffen (CO_2-Ausstoß)
2. Gott hat die Welt erschaffen und wunderschön gemacht. Wer ihr nicht Sorge trägt, der zerstört seine Schöpfung.
3. Individuelle Lösungen, z. B.: sorgsam mit Wasser umgehen, auf Tiere achten, Natur bewusst wahrnehmen (sich über Schönheit der Natur freuen) usw.

Von den sieben Todsünden ... S. 24

1. 1) Hochmut (Eitelkeit, Stolz, Übermut); 2) Geiz (Habgier); 3) Wollust (Ausschweifung, Genusssucht, Begehren); 4) Zorn (Wut, Rachsucht); 5) Völlerei (Gefräßigkeit, Maßlosigkeit, Selbstsucht); 6) Neid (Eifersucht, Missgunst); 7) Faulheit (Feigheit, Ignoranz, Trägheit des Herzens)
2. Die Todsünden warnen davor, das richtige Maß aus den Augen zu verlieren.

... Zum rechten Maß S. 26

2. Wer das Maß verliert, will immer mehr und merkt nicht, dass ihm das überhaupt nicht mehr gut tut. Er wird egoistisch und denkt nur noch an sich. Er merkt zum Beispiel auch nicht mehr, dass andere Menschen benachteiligt werden bzw. unter der Maßlosigkeit leiden (für die anderen bleibt nichts mehr übrig). Maßlosigkeit ist körperlich und geistig ungesund.
3. Individuelle Lösungen, z. B.: eigene Regeln setzen – sich beschränken – Pausen einplanen (z. B. ein Tag ohne) usw.

Macht Sünde krank? S. 28

1. Originaltitel lautet: „Heilung eines Gelähmten".
2. Damaliges Verständnis: Sünde macht krank – alle Krankheiten sind durch Sünden verursacht – Dieses Verständnis ist heute überholt. Trotzdem: Zwischen Sünde und Krankheit kann ein Zusammenhang bestehen (z. B. schlechtes Gewissen kann sich negativ auf die Gesundheit auswirken → schlechter Schlaf, ständiges Unwohlsein, psychosomatische Erkrankungen usw.).

Vorher / Nachher: Versöhnung gelingt

S. 30

3. Individuelle Lösungen, z. B.: Vergebung braucht manchmal Zeit (man darf niemanden unter Druck setzen, drängen) – manchmal muss man den richtigen Zeitpunkt abwarten usw. – man muss herausfinden, auf welchem Weg man sich versöhnen will (mündlich, schriftlich, ...).

Tage der Sühne

S. 32

2. vergleichbar im Christentum: Aschermittwoch und Karfreitag sind strenge Fast- und Bußtage. Riten sind z. B. Bußgebete im Gottesdienst, Aschekreuz. Das Sakrament der Beichte im katholischen Glauben ist das wichtigste Element für Buße, Umkehr und Vergebung.

3. Hier findet eine ganz bewusste Auseinandersetzung mit Schuld statt. Damit Versöhnung gelingt, ist Versöhnung mit unseren Mitmenschen sehr wichtig, wenn nicht sogar unerlässlich. Ganz bewusst auf Rache zu verzichten, wird hier gelebt.

Taufe ändert alles

S. 33

2. **Wasser:** reinigende Wirkung

   Kerze: Symbol für Jesus = Licht der Welt, das ewige Licht

   Weißes Kleid: Weiß = Farbe der Reinheit, Unschuld

3. Durch die Taufe wird man nicht nur Teil der christlichen Gemeinschaft, sondern auch ein „neuer" Mensch. Taufe ist eine Art „Neuanfang" – man wird von allen Sünden gereinigt.

Unschuldig & rein

S. 34

1. **Religionen:** z. B. im katholischen Gottesdienst: vor der Wandlung bei der Eucharistie – Bedeutung: sich von Schuld reinwaschen
   Film: z. B. oft nach Mordszenen (sich die Schuld „abwaschen")
   Alltag: z. B. wenn man sich die Hände schmutzig gemacht hat

3. „Seine Hände in Unschuld waschen".

Sorry vor Millionen

S. 36

2. **Pro:** Wenn eine Person das so öffentlich macht, dann ist es ihr evtl. total ernst → Sie nimmt sogar in Kauf, sich vor allen zu blamieren und eine öffentliche Abfuhr zu erhalten. / **Kontra:** Die andere Person wird unter Druck gesetzt (Du musst mir jetzt sofort vor allen vergeben, sonst bist du der „Buhmann" → Versöhnung ist aber immer freiwillig und ein Geschenk!), Versöhnung ist etwas Persönliches und Privates → gehört nicht an die Öffentlichkeit → evtl. ist es dem anderen total peinlich, so öffentlich vorgeführt zu werden → nun wissen alle davon → Versöhnung hat nichts mit „Show" und „Inszenierung" zu tun.

3. Man muss die richtigen Worte und den richtigen Weg finden (nicht immer einfach!), man kann niemanden zur Versöhnung zwingen, man soll niemanden „vorführen" bzw. auf keinen Fall die eigene Schuld „banalisieren", am besten unter vier Augen um Versöhnung bitten und nicht vor der ganzen Klasse, vor allen Freunden usw.

Online-Pranger

S. 37

1. Es würde sicher manche Täter abschrecken, eine Tat zu begehen. Menschen werden bloßgestellt, öffentlich diskriminiert. Wahrscheinlich hätte das drastische Konsequenzen für sie, z. B. niemand will mehr mit ihnen etwas zu tun haben, sie werden angefeindet, verfolgt usw. Selbst kleine, unbedeutende Vergehen könnten plötzlich große Konsequenzen haben.

2. **Täter:** Sie waren Schimpf und Schande ausgeliefert. Die Scham schreckte ab, weitere Straftaten zu begehen.

   Passanten/Zuschauer: Sie hatten Mitleid oder empfanden vielleicht auch Schadenfreude; sie hatten Angst, selbst in eine solche Lage zu kommen.

   Der Pranger sollte abschrecken und weitere Straftaten verhindern. Er sollte auch sichtbar machen, welche Verbote gelten.

3. Die Täter sind damit in Gefahr: Was, wenn Opfer, Verwandte oder Freunde des Opfers den Täter selbst bestrafen wollen (Selbstjustiz)? Die Täter haben kaum mehr eine Möglichkeit, ein normales Leben zu führen. Sie sind für ihr ganzes Leben „abgestempelt".

Wie gehen wir mit Tätern um? S. 38

1. Individuelle Lösungen, z. B.: gefährlich; Monster; schuldig; aus der Bahn geworfen; Kann man ihnen wirklich trauen?; Da bleibt doch immer ein Restrisiko!; Einmal Täter, immer Täter.
2. Wir bestrafen die Täter „doppelt": Sie haben die Haftstrafe eigentlich abgebüßt, aber jetzt müssen sie nochmals büßen, das ist unfair. Wir hindern Täter daran, ein neues Leben zu beginnen – oft rutschen die Täter wieder in die Kriminalität ab, weil sie keine anderen Chancen hatten.
3. Er gab Menschen immer eine zweite Chance und vergaß das, was sie verbrochen hatten. Er achtete auf den Menschen und nicht auf seine Taten.

Für jemanden den Kopf hinhalten S. 39

2. a) Ihr passiert nichts, sie kommt nochmals davon. Aber lernt sie aus ihrem Fehlverhalten? Evtl. passiert bald wieder etwas und dann fliegt sie doch noch von der Schule. b) Sie wird bestraft, evtl. fällt die Strafe doch nicht so drastisch aus, sie lernt durch die Strafe und ändert sich. Oder: Sie fliegt von der Schule, aber evtl. ändert sie dadurch ihr Verhalten und sie schafft an einer anderen Schulen einen Neuanfang. / a) Er kann seine Schuld nicht verarbeiten, Schuldgefühle belastet ihn, evtl. hat er auch ein schlechtes Gewissen gegenüber seinen Freunden. b) Er erhält eine Strafe, lernt, zur Strafe zu stehen und die Schuld zu verarbeiten – ihm wird bewusst, dass er einen großen Fehler gemacht hat.

Lässt sich Schuld/Sünde vermeiden S. 41/42

2. Die 10 Gebote
   1. Du sollst keine anderen Götter neben mir haben.
   2. Du sollst den Namen Gottes nicht verunehren.
   3. Du sollst den Tag des Herrn heiligen.
   4. Du sollst Vater und Mutter ehren.
   5. Du sollst nicht töten.
   6. Du sollst nicht ehebrechen.
   7. Du sollst nicht stehlen.
   8. Du sollst nicht falsch gegen deinen Nächsten aussagen.
   9. Du sollst nicht begehren deines Nächsten Frau.
   10. Du sollst nicht begehren deines Nächsten Gut.

4. Die 10 Gebote sind sehr offen formuliert und lassen sich auf verschiedene Lebensbereiche anwenden. Deshalb sind sie auch noch heute aktuell. Egal zu welcher Zeit gilt: Die Menschen werden wohl immer mit ähnlichen „Versuchungen" und Herausforderungen konfrontiert.

Die Beichte

S. 45

1.

Voraussetzungen	Wer sündigt, zerstört nicht nur das Verhältnis zwischen Menschen, sondern auch zwischen sich und Gott.
Beziehung zu Gott	Die Lossprechung von einer Sünde wird möglich, wenn der Beichtende seine Tat bereut, einen guten Vorsatz gefasst hat, seine Tat bekennt und sich für Wiedergutmachung einsetzt.
Beichtgeheimnis	Der Priester ist an die Schweigepflicht gebunden. Er darf nicht weitererzählen, was man ihm während der Beichte anvertraut. Selbst, wenn jemand eine Straftat (z. B. einen Mord) gesteht, darf er die Polizei nicht informieren. Er kann sich allerdings bei besonders schweren Fällen vom Bischof von seiner Schweigepflicht entbinden lassen.
Sakrament	Die katholische Kirche kennt sieben davon: Taufe, Firmung, Eucharistie, Bußsakrament/Beichte, Ehe, Diakon-/Priester-/Bischofsweihe, Krankensalbung. Ein anderes Wort dafür ist Heilszeichen. In der evangelischen Kirche gibt es nur drei: Taufe, Beichte und Abendmahl.

2. Wenn Täter nicht die Sicherheit hätten, dass sie offen und ehrlich in der Beichte sprechen können, würden sie nichts mehr erzählen. Der Priester darf zwar nichts verraten, aber er kann (soll sogar) Täter ermuntern, zu ihrer Tat zu stehen und sie zu gestehen. Ohne Beichte wäre das nicht möglich.

3. Manchmal tut man etwas, das man nicht mehr rückgängig machen kann oder es ist auch nicht so klar, wer genau der Betroffene ist. Gott versöhnt auch das Unversöhnbare.

4. **Beichte:** Einzelgespräch, Sakrament; Stärke: sehr persönlich, man kann ganz offen und ehrlich sein, man bekommt persönliche Tipps und Hilfe.
Bußgottesdienst: Gemeinschaft, Gottesdienst; Stärke: Die Menschen erfahren: Wir alle sind Sünder, wir sind gemeinsam sündig geworden, es gibt Dinge, die wir in der Gesellschaft ändern müssen usw., aber wir können uns gegenseitig helfen.

Online-Beichte

S. 47

1. total anonym; für viele ist es ein Spaß / Jux = Unterhaltung; ich kann mir alles von der Seele schreiben und muss keine Konsequenzen befürchten.

2. **Chancen:** totale Offenheit; man erreicht auch Menschen, die nicht den Weg in die Kirche zur Beichte gefunden hätten; **Gefahren:** evtl. wird doch jemand entlarvt, es steht für alle Zeit im Internet (nicht mehr löschbar), es wird belanglos (jeder schreibt irgendwelche Dinge, aber es findet gar keine Auseinandersetzung mit der Schuld statt).

„Und vergib uns unsere Schuld ..."

S. 49

1. Individuelle Lösungen, z. B.: jemand, der uns angelogen, bestohlen oder betrogen hat.

2. Wir sind selbst gefordert, zur Vergebung der Schuld beizutragen → es hängt nicht nur von Gott ab. Wenn wir vergeben, machen wir möglich, dass Gott vergeben kann. Der Mensch ist fähig, zu vergeben.

3. Wir müssen uns immer wieder neu fragen: Wem sind wir böse? Wer hat uns etwas angetan? Wie können wir ihm vergeben? Der Mensch hat den Auftrag von Gott, immer wieder neu zu vergeben und sich für Vergebung einzusetzen! Es ist fast schon Voraussetzung dafür, dass auch wir Vergebung erfahren.

Das Gleichnis vom unbarmherzigen Schuldner

S. 50

2. **Menschliche Logik:** „Er hat etwas angestellt, also soll er auch dafür büßen." – Man denkt vor allem an sich (Egoismus); **Göttliche Logik:** „Vergeben und verzeihen hat nichts mit Rechnen zu tun."
3. Individuelle Lösungen, z. B.: Jemand hat einem Freund eine DVD ausgeliehen und dieser hat sie nun verloren usw.

Wie kann man Buße tun?

S. 51

3. Individuelle Lösungen, z.B.: sich in den Betroffenen hineinversetzen: Was wäre mir an seiner Stelle wichtig? Was würde ich mir wünschen?/mit dem Betroffenen sprechen: Was möchtest du?/Freunde des Betroffenen fragen: Was möchte er wohl?/dem Betroffenen verschiedene Varianten anbieten, ihm die Wahl überlassen/mit „neutraler" Person (Experten) sprechen: Was würde er als sinnvoll erachten (neutrale Personen sind nicht emotional vorbelastet!)?

Bußzeiten: Advent und Fastenzeit

S. 53

1. Vorbereitungen: Putzen, Aufräumen, Geschenke vorbereiten, alles festlich dekorieren, sich schön anziehen usw.
2. Putzen (z.B. Kirche putzen), sich festlich anziehen, Einladungen verschicken, verschiedene Rituale usw.
3. → **Tipp**: Schüler können Antworten durch Internetrecherche finden.
   Fastenzeit: Vorbereitung auf Ostern, 40 Tage, auf etwas verzichten (z. B. Süßigkeiten), eher besinnliche, stille Zeit, in der kath. Kirche: Kreuz ist mit violettem Tuch verhüllt; **Adventszeit:** Vorbereitung auf Weihnachten, viele Adventsbräuche (z. B. Adventskranz), 24 Tage (ursprünglich auch 40 Tage!), eine fröhliche, erwartungsvolle Zeit; **Gemeinsamkeiten**: Vorbereitungszeiten, Bußzeiten, Zeiten der Umkehr, der Besinnung, man bereitet sich auf wichtige kirchliche Feste bzw. Ereignisse vor: Jesu Geburt und Jesu Auferstehung. Diese sind neben Pfingsten auch Höhepunkte im Kirchenjahr.
4. Individuelle Lösungen, z. B.: ein „Fastenkalender" – jeden Tag eine Impulsfrage; im Advent oder in der Fastenzeit bewusst auf etwas verzichten oder etwas machen, das man nie macht (jeden Tag jemanden anrufen, mit dem man schon lange keinen Kontakt mehr hatte) usw.

Der Kreuzweg Jesu

S. 54

1. 1. Station: Jesus wird zum Tode verurteilt.
   2. Station: Jesus nimmt das Kreuz auf seine Schultern.
   3. Station: Jesus fällt zum ersten Mal unter dem Kreuz.
   4. Station: Jesus begegnet seiner Mutter.
   5. Station: Simon von Cyrene hilft Jesus, das Kreuz tragen.
   6. Station: Veronika reicht Jesus das Schweißtuch.
   7. Station: Jesus fällt zum zweiten Mal unter dem Kreuz.
   8. Station: Jesus begegnet den weinenden Frauen.
   9. Station: Jesus fällt zum dritten Mal unter dem Kreuz.
   10. Station: Jesus wird seiner Kleider beraubt.
   11. Station: Jesus wird an das Kreuz genagelt.
   12. Station: Jesus stirbt am Kreuz.
   13. Station: Jesus wird vom Kreuz abgenommen und in den Schoß seiner Mutter gelegt.
   14. Station: Der Leichnam Jesu wird in das Grab gelegt.

Ideen für Versöhnungsrituale

S. 56

1. Man sagt oder schreibt nicht nur etwas, sondern man tut etwas Symbolisches und bringt dadurch den Wunsch nach Versöhnung zum Ausdruck. Die Versöhnung wird somit auch „sichtbar" bzw. „konkret".

Jobprofil: Versöhnungsprofi S. 58

1. **Fähigkeiten:** zuhören können, Ideen und Tipps liefern, die richtigen Worte finden, Geduld, Gelassenheit, Optimismus.

   Interessen: für andere Menschen, für Gerechtigkeit, Konfliktlösung.

   Arbeitszeiten / -orte: rund um die Uhr (auch in der Nacht!), überall (mitten im Alltag: das kann in der Schule sein, aber auch im Bus usw.).

   Bereitschaft zu: Ausdauer, hohe Frustrationstoleranz, Leidensfähigkeit, denn oft erhält man wenig für seinen Einsatz, wenig Lob, oft auch negative Reaktionen, weil sich z. B. jemand nicht versöhnen will.

3. Individuelle Lösungen, z. B.: wichtigste Voraussetzungen: Wille, sich für Versöhnung einzusetzen – immer wieder neu; Interesse, offen und aufmerksam die Mitmenschen wahrzunehmen und ihnen zu helfen; „ständig an sich selber arbeiten".

Mein Beitrag zur Versöhnung S. 59

2. **Hinweis:** Jede Gruppe stellt ihr Ergebnis vor. Es wird nicht (ab)gewertet! Anschließend einigt man sich auf eine gemeinsame Version, bei Bedarf zieht man einen Profi (z. B. Lehrer) zu Rate.

3. **Hier wichtig:** Auch wenn es sich um Beispiele handelt, auf die ein Jugendlicher kaum einen Einfluss hat, kann er trotzdem einen Beitrag leisten. Den Jugendlichen sollte dies bewusst werden (z. B. Ausländerkonflikte: Sie können einen Beitrag leisten, indem sie selbst Ausländern offen und ohne Vorurteile begegnen und somit Vorbild sind).